I0224414

IMITAÇÃO DE IESCHOUAH

Por
Archiconfrérie de Ieschouah

Sob a supervisão
Jean-Louis de Biasi

Tradução
José Antônio Francisco

Edições Theurgia
www.theurgia.us

Imitação de Ieschouah, Copyright © 2019

Todos os direitos reservados dessa edição privada « Éditions Theurgia ». Nenhuma parte desse livro pode ser reproduzida ou utilizada de qualquer maneira que seja sem autorização escrita de Éditions Theurgia, com exceção de breves citações incorporadas em artigos ou apresentações relacionadas a esse livro.

Editores: Jean-Louis de Biasi - Patricia Bourin
Tradução: José Antônio Francisco

Edições Theurgia © 2019
IFIO LLC (Theurgia), 2251 N. Rampart Blvd #133, Las Vegas, NV 89128, USA
secretary@theurgia.us
Fabricado nos Estados Unidos États-Unis
ISBN : 978-1-926451-27-5

Você pode obter mais ensinamentos sobre a natureza e o funcionamento da Archiconfrérie de Ieschouah no endereço abaixo
www.ieschouah.org

Descubra outras publicações de "Theurgia"
www.theurgia.us

ÍNDICE

4

Primeiro Livro – Conselhos Úteis para Entrar na Vida Interior

1. Deve-se imitar Ieschouah e desprezar as vaidades do mundo

1. « Quem me segue não caminha nas trevas ». Essas são as palavras de Ieschouah, pelas quais ele nos exorta a imitar sua conduta e sua vida, se quisermos ser verdadeiramente iluminados e libertos de toda cegueira do coração. Que nosso estudo principal seja então de meditar sobre a vida de Ieschouah.

2. A doutrina de Ieschouah ultrapassa qualquer doutrina dos Santos e quem possuísse sua mente encontraria o maná ali escondido. Mas acontece que muitos, por meio de ouvir esses relatos, são apenas ligeiramente afetados, porque eles não têm o espírito de Ieschouah. Quer compreender perfeitamente e saborear as palavras de Ieschouah? Disponha-se a conformar toda sua vida à dele.

3. O que lhe serve raciocinar profundamente sobre a Trindade, se não é humilde e que assim desagrada a Trindade? Certamente, os discursos sublimes não fazem o homem justo e santo, mas uma vida pura é cara a Deus. Eu prefiro sentir a compunção do que saber a definição. Quando você conhecesse toda a Bíblia de cor e todas as sentenças dos filósofos, do que isso lhe serviria sem a graça e a caridade? « Vaidade das vaidades, tudo é só vaidade », além do fato de amar a Deus e servir somente a ele praticando a verdadeira humildade. A riqueza soberana é avançar ao reino do céu nos livrando das garras das paixões do mundo.

4. Vaidade, portanto, de acumular riquezas perecíveis e esperar por elas. Vaidade de aspirar às honras e de se elevar ao que há de mais alto apenas para esse fim. Vaidade, de estar sob o jugo dos desejos da carne e de procurar o que pode nos acorrentar. Vaidade, de desejar uma vida longa e não se preocupar em viver bem. Vaidade, de pensar apenas na vida presente e não prever o que se seguirá. Vaidade, de se prender ao que passa tão rápido e não se apressar para a alegria que nunca termina.

5. Lembre-se frequentemente dessas palavras do Sábio: «O olho não saciado com o que vê, nem a orelha preenchida pelo que ouve. » Então,

tente separar seu coração da dependência de coisas visíveis, para dirigi-lo ao espiritual, porque os que permanecem sob a influência de seus sentidos se desviam de sua alma e perdem a graça divina.

2. Tenha sentimentos humildes de si mesmo

1. Todo homem deseja naturalmente o saber, mas qual é o valor do conhecimento sem uma moralidade baseada na empatia? Um camponês humilde que serve a Ieschouah e pratica a humildade certamente está bem acima do filósofo soberbo que, negligenciando sua consciência, pode dissertar sobre o curso dos astros. Aquele que se conhece bem, sabe de seus verdadeiros limites e não gosta dos louvores dos homens. Quando eu tiver toda a ciência do mundo, se eu não tiver humildade e empatia, a que isso me serviria frente a Ieschouah?

2. Modere o desejo excessivo de saber se ainda não estabeleceu os fundamentos de sua vida moral. Você somente encontrará uma grande ilusão. Os sábios ficam felizes de aparecer e passar por competentes. O enorme número de palavras não satisfaz a alma. Mas uma vida santa e uma consciência pura refresca o espírito.

3. Quanto mais e melhor você souber, mais severamente será julgado, se não viver mais humildemente. Qualquer arte e qualquer ciência que tenha, não atraia a vaidade. Aja com ainda mais exigência moral porque sua responsabilidade é maior tendo recebido essas luzes. Se você acha que sabe muito e é perspicaz, lembre-se que isso é pouco comparado ao que não conhece. Abaixe seu orgulho e confesse sua ignorância. Como você pode pensar em preferir-se a alguém, enquanto há muito mais seres eruditos do que você? Você quer aprender e conhecer algo que lhe serve? Aprenda a viver desconhecido e a ser contado por nada.

4. A ciência mais alta e mais útil é o conhecimento exato do que somos. Atribuir nada a si mesmo e pensar favoravelmente dos outros é uma grande sabedoria e perfeição. Quando você vê seu irmão abertamente cometendo um erro, mesmo um erro muito grave, entretanto, não pense que é melhor que ele. Na verdade, você não sabe quanto tempo persevera no bem. Nós somos todos frágeis, mas acredite que ninguém é mais frágil do que você.

3. Sobre a doutrina da verdade

1. Felizes os que a própria verdade instruiu, não por figuras e palavras que passam, mas se mostrando tal como ela é. Nossa razão e nossos sentidos pouco veem e frequentemente nos enganam. A quem servem essas disputas sutis sobre as coisas ocultas e obscuras, que ninguém poderia culpá-lo por não saber? É uma grande insensatez negligenciar o que é útil e necessário para ao contrário se aplicar estranhamente ao que prejudica. Nós temos olhos e não vemos.

2. Você não se dispersa em reflexões vãs sobre o mundo e os seres? Comece por conhecer a si mesmo, o espírito, a alma, Deus, depois o universo. Considere a voz do Verbo que fala dentro de você. Sem ela não há inteligência, nenhum julgamento está certo. Considere o divino que está em você, sua alma e seu espírito. Então seu coração não será abalado e permanecerá em paz. Ó Verdade que habitas no segredo divino de minha alma, faças com que eu seja um contigo em um amor eterno! Muitas vezes me sinto entediado com a leitura e a audição. Essa paz interior é tudo o que desejo, tudo o que quero. Que todos os doutores se calem, que todas as criaturas estejam em silêncio e que a voz da minha alma se faça ouvir.

3. Quanto mais um ser está recolhido em si mesmo e liberado das coisas exteriores, mais sua mente se estende e se eleva, porque ele recebe do alto a luz da inteligência. Uma alma pura, simples, formada no bem, nunca se dissipou no meio de muitas ocupações, porque ela faz de tudo para honrar o divino e que, tranquila em si mesma, ela tenta não procurar nada. O que lhe incomoda e perturba, se não as afeições mortificadas de seu coração?

4. O homem bom e verdadeiramente piedoso tem dentro de si tudo o que deve fazer externamente. Ele não se deixa arrastar, em suas ações, ao desejo de uma inclinação viciosa, mas se submete à regra de uma razão direita. Quem tem um combate mais difícil a sustentar do que aquele que trabalha para se derrotar? É nisso que deveríamos nos ocupar unicamente: combater nossas fraquezas, nos tornarmos cada dia mais fortes e fazer progressos no bem. Toda perfeição nessa vida está misturada com alguma imperfeição. Nós percebemos as coisas através de um véu de ilusões. O conhecimento humilde de si mesmo é uma via mais segura para ir a Deus que as profundas pesquisas da ciência. Não

quer dizer que se deve culpar a ciência, nem o simples conhecimento de qualquer coisa. Ela é boa em si, mas não tem o mesmo objetivo. Deve-se sempre começar pela aquisição de uma consciência pura e vida humilde. Mas, porque muitos estão mais preocupados em saber do que em viver bem, eles frequentemente se desviam e obtêm pouco ou nenhum fruto do seu trabalho.

5. Se todos tivessem tanto ardor para erradicar seus vícios e cultivar a virtude quanto para levantar questões vãs, não se veriam tantos males e escândalos nas pessoas, nem tanta falta de firmeza nos grupos espirituais. Certamente, no dia do julgamento não nos perguntarão o que lemos, mas o que fizemos; nem se falamos bem, mas se vivemos bem. Diga-me onde estão agora esses mestres e esses doutores que você conheceu quando estavam vivos e quando eles floresceram em sua ciência? Outros, no presente, ocupam seus lugares e não sei se eles pensam apenas neles. Eles pareciam, durante sua vida, ser algo e agora não se fala mais sobre isso.

6. Ó! Que a glória do mundo passa rápido! Queira Deus que sua vida tenha correspondido à sua ciência! Eles então teriam lido e estudado com frutos. Que há alguns que estão perdidos em longo período por uma vã ciência e pelo esquecimento de sua consciência moral e do serviço de Deus. E porque eles mais amam serem grandes do que humildes, eles desaparecem em seus pensamentos. É verdadeiramente sábio aquele que tem grande humildade. É verdadeiramente grande, aquele que é pequeno a seus próprios olhos e para quem a maior glória é puro nada. É verdadeiramente sábio, aquele que, por imitar Ieschouah, vê como dejeto, excremento todas as coisas da terra. Esse possui a verdadeira ciência, que pratica a humildade, desenvolve sua consciência moral e reconhece seus limites.

4. Sobre a previdência nas ações

1. Não se deve acreditar em qualquer palavra, nem obedecer a qualquer movimento interior, mas pesar cada coisa segundo sua consciência, com prudência e com longa atenção. Infelizmente nós acreditamos e dizemos aos outros mais facilmente o mal do que o bem, tão fracos que somos. Mas os perfeitos não acreditam facilmente em tudo o que ouvem,

porque eles conhecem a enfermidade do homem, inclinado ao mal e rápido em suas palavras.

2. É uma grande sabedoria não agir com precipitação e não prender obstinadamente à sua própria opinião. Ainda é sábio não acreditar indiscriminadamente em tudo o que os homens dizem, aquele que ouviu e acreditou e de não reportar aos outros imediatamente. Tome o conselho de um homem sábio, de sua consciência e deixe-se guiar por outro que vale mais que você, em vez de seguir seus próprios pensamentos. Uma boa vida faz o homem sábio segundo Deus e lhe dá grande experiência. Quanto mais for humilde, mais terá sabedoria e paz em todas as coisas.

5. Sobre a leitura da vida de Ieschouah

1. Deve-se procurar a manifestação do divino na vida de Ieschouah e não na ciência. Leia com seu coração, em vez de primeiro procurar os ensinamentos ocultos. A verdade é simples para os que leem com o coração.

2. O divino se manifesta de diversas maneiras e por pessoas bem diversas. Na leitura da vida de Ieschouah, muitas vezes nossa curiosidade nos fere, querendo examinar e compreender quando deveria simplesmente passar. Se você quer tirar o fruto, leia com humildade, com simplicidade e jamais procure passar por hábil. Ame interrogar. Escute em silêncio as palavras divinas e não despreze as sentenças dos antigos, porque não são proferidas em vão.

6. Sobre as afecções desordenadas

1. Assim que o homem começa a desejar alguma coisa desordenadamente, imediatamente se torna inquieto em si mesmo. A soberba e a avareza nunca repousam, mas o pobre e o humilde vivem na abundância da paz. O homem que ainda não está perfeitamente morto para si mesmo é rapidamente tentado e ele sucumbe nas menores coisas. Aquele cujo espírito ainda está enfermo, pesado com a carne e inclinado a coisas sensíveis, dificilmente se livra inteiramente dos desejos terrestres. Isso porque, quando ele se recusa a satisfazê-los, experimenta

muitas vezes a tristeza e ele está disposto à impaciência quando lhe resiste.

2. Que, se ele conseguiu o que cobiçava, imediatamente o remorso da consciência pesa sobre ele, porque ele seguiu sua paixão, que de nada serve para a paz que ele buscava. É resistindo às paixões e não cedendo a elas que se encontra a verdadeira paz do coração. Não há paz, portanto, no coração do homem carnal, do homem entregue às coisas externas: a paz é a partilha do homem fervoroso e espiritual.

7. Que devemos fugir do orgulho e das esperanças vãs

1. Tolo o que coloca sua esperança nos homens ou em qualquer criatura que seja. Não tenha vergonha de servir aos outros e parecer pobre nesse mundo pelo amor de Ieschouah. Não se apoie em si mesmo e apenas confie somente em Ieschouah. Faça o que está em você e Ieschouah apoiará sua boa vontade. Não confie em seu conhecimento, nem na habilidade de qualquer criatura, em vez disso, na graça de Ieschouah que ajuda os humildes e humilha os presunçosos.

2. Não se gabe de riquezas que pode ter, nem do poder de seus amigos, mas em Ieschouah, que tudo dá e que, acima de tudo ainda se quer dar. Não se exalte por causa da força ou beleza do seu corpo, que uma ligeira enfermidade mata e murcha. Não seja complacente em si mesmo por causa de sua mente ou sua habilidade, por medo de desagradar a Deus, de quem vem tudo o que você recebeu de bom da natureza.

3. Não se sinta melhor que os outros. Talvez você seja pior aos olhos de Deus, que sabe o que há no homem. Não se orgulhe de suas boas obras, pois os julgamentos de Deus são diferentes do julgamento dos homens e o que agrada aos homens, muitas vezes o desagrada. Se existe algum bem em você, acredite que existe mais nos outros, para manter a humildade. Você nada arrisca por se colocar abaixo de todos, mas lhe seria muito prejudicial se preferir. O homem humilde desfruta uma paz inalterável, a cólera e a inveja perturbam o coração do orgulhoso.

8. Evite muita familiaridade

1. Não abra seu coração a todos indistintamente, mas confie o que lhe afeta ao homem sábio, humilde e temente a Deus. Não lisonjeie os ricos e não queira aparecer diante dos grandes. Procure os humildes, os simples, as pessoas de piedade e boa moral e só se ocupe de coisas edificantes. Deseje ser familiar somente com Deus, Ieschouah e os seres que povoam o mundo espiritual. Evite ser conhecido pelos homens por obras superficiais.

2. Deve-se ter caridade por todos, mas a familiaridade não convém. Acontece que, sem conhecer, estima-se uma pessoa em sua boa reputação, mas, mostrando-se, destrói a opinião que se tinha dela. Nós nos imaginamos às vezes agradar aos outros por nossas assiduidades e é então que começamos a desagradá-los pelos defeitos que eles descobrem em nós.

9. Sobre a obediência e a renúncia a seu próprio sentido

1. É algo muito importante viver sob a proteção de Ieschouah. É muito mais seguro confiar em sua luz protetora em vez de confiar em si mesmo. Alguns abandonam a si mesmos apenas por necessidade e não por amor, e aqueles que estão sempre sofrendo são trazidos ao murmúrio confuso. Eles nunca terão a liberdade do espírito, a menos que aceitem de todo o coração a proteção de Ieschouah. Vá para onde você quiser, você encontrará descanso apenas nesse relacionamento humilde. Muitos que imaginam que estarão melhores em outros lugares, foram enganados por essa ideia de mudança.

2. É verdade que todos gostam de seguir seu próprio sentido e têm mais inclinação para os que pensam como ele. Mas se Ieschouah está perto de nós, às vezes é necessário desistir do nosso sentimento em prol da paz. Qual é o homem tão iluminado que sabe tudo perfeitamente? Seja um pouco cauteloso do seu sentimento. Se seu sentimento é bom e por causa de Deus você o abandona para seguir outro, obterá mais benefícios.

3. Tenho ouvido com frequência que é mais seguro ouvir e receber conselhos do que dar. Porque pode acontecer que o sentimento de cada

um seja bom; mas não querer ceder aos outros, quando a ocasião ou a situação exige, é a marca de um espírito soberbo e obstinado.

10. Evite distrações inúteis

1. Evite o tumulto do mundo tanto quanto puder, porque há perigo em falar sobre as coisas mundanas, mesmo com intenção pura. Logo a vaidade contamina a alma e a cativa. Eu gostaria de mais frequentemente estar só e não ser encontrado com os homens. De onde vem, de que gostamos tanto de falar e conversar quando tão raramente acontece que retiramos no silêncio com uma consciência que não é ferida? É que buscamos nessas conversas um consolo mútuo e um alívio para o nosso coração cansado de pensamentos contraditórios. Nós temos prazer em falar, a ocupar nossa mente com o que amamos, que desejamos, do que contraria nossos desejos.

2. Mas muitas vezes, infelizmente, em vão; porque este consolo externo não é senão um obstáculo medíocre ao consolo que Deus dá interiormente. Então se deve observar e orar, para que o tempo não passe sem resultados. Se for permitido, se for apropriado falar, fale do que pode edificar. O mau hábito e o pouco cuidado com o nosso progresso nos impede de observar nossa linguagem. Entretanto, conferências honradas sobre as coisas espirituais, entre pessoas unidas por Deus e animadas de um mesmo espírito, servem muito ao progresso na perfeição.

11. Meios de adquirir a paz interior e sobre o desejo de avançar na virtude

1. Nós poderíamos usufruir grande paz, se deixássemos de nos ocupar com o que os outros dizem e fazem, com o que não nos diz respeito. Como pode estar por muito tempo em paz, aquele que se incomoda com coisas externas e pouco ou raramente se recolhe em si mesmo? Felizes os simples, porque possuirão grande paz!

2. Como alguns santos se elevaram a um grau tão alto de virtude e de contemplação? É que eles tentaram morrer para todos os desejos descontrolados da terra e que assim puderam se unir a Deus pelo mais

profundo de seus corações e se ocupar livremente de si mesmos. Por nós, estamos demais em nossas paixões e muito preocupados com o que acontece. Raramente superamos perfeitamente um único defeito. Não temos o ardor para fazer a cada dia algum progresso e assim permanecemos mornos e frios.

3. Se estivéssemos totalmente mortos para nós mesmos e menos preocupados dentro de nós mesmos, então poderíamos assim apreciar as coisas de Deus e adquirir alguma experiência da contemplação celeste. O maior, o único obstáculo, é que escravizados às nossas paixões e desejos, não fazemos nenhum esforço para entrar na via perfeita da virtude. E, se acontece que experimentamos alguma ligeira adversidade, nos deixamos cair imediatamente e recorremos à consolação humana.

4. Se como soldados generosos, permanecêssemos firmes no combate, certamente veríamos a ajuda de Deus e de Ieschouah descer sobre nós do céu. Porque Ieschouah está sempre pronto a ajudar os que resistem e que esperam sua graça e é ele que nos dá oportunidades para lutar, para nos tornar vitoriosos. Se colocarmos o progresso da vida cristã unicamente nas observâncias externas, nossa devoção será de curta duração. Vamos então colocar o machado na raiz da árvore, para que livres das paixões, tenhamos nossa alma em paz.

5. Se arrancarmos a cada ano um único vício, logo seríamos perfeitos. Devemos crescer todos os dias com fervor e em virtude. Se nós nos fizéssemos primeiro um pouco de força, poderíamos fazer tudo com facilidade e alegria.

6. É difícil renunciar a seus hábitos, mas é mais difícil ainda curvar sua própria vontade. No entanto, se você não sabe como se derrotar em coisas leves, como você vai ganhar vitórias mais difíceis? Resista desde o começo a suas inclinações, quebre sem demora qualquer mau hábito, de medo que pouco a pouco elas o levem a maiores dificuldades. Oh! Se você considerar que paz seria essa para você, que alegria para os outros, vivendo como deveria, você teria, eu creio, mais ardor pelo seu progresso espiritual.

12. A vantagem da adversidade

1. É bom para nós, por vezes, ter dores e dificuldades, porque eles frequentemente lembram o homem de seu coração e o fazem sentir que ele está no exílio tendo que colocar sua esperança em Ieschouah e em Deus. É bom para nós, às vezes, sofrer contradições e pensar mal ou pouco favoravelmente de nós mesmos, não importa quão boas sejam nossas ações e intenções. Isso serve frequentemente para nos proteger contra a glória vã. Porque temos mais vontade de buscar a Deus, que vê o fundo do coração, quando os homens ao redor nos depreciam e pensam mal de nós.

2. É por isso que o homem deve se fortalecer tanto em Deus e Ieschouah, para que não precise buscar tantas consolações humanas. Quando, com vontade reta, o homem é perturbado, tentado, aflito com maus pensamentos, ele então reconhece como Deus e seu mestre Ieschouah lhe são necessários e que não é capaz de nenhum bem sem eles. Então ele fica triste, geme, ora por causa dos males que sofre. Então ele fica cansado de viver e deseja que a morte chegue, para que, liberado de suas amarras, esteja com Ieschouah. Então ele também compreende que uma segurança perfeita, uma paz plena, não são deste mundo.

13. Sobre a resistência às tentações

1. Enquanto vivermos aqui, não podemos estar livres de tribulações e provações. Porque está escrito no livro de Jó: A tentação é a vida do homem na terra. Todos, portanto, deveriam estar sempre alertas contra as tentações que o assediam e vigiar e orar para não dar lugar às surpresas do demônio, que nunca dorme e que vira de todos os lados, procurando alguém para devorar. Não há homem tão perfeito e tão santo que às vezes não tenha tentações e não podemos nos libertar inteiramente delas.

2. Mas apesar de importunas e dolorosas, não deixam de ser frequentemente muito úteis ao homem porque elas o humilham, purificam e instruem. Todos os virtuosos passaram por muitas tentações e sofrimentos e é por esse caminho que eles avançaram. Aqueles que não puderam sustentar essas provações, Deus os reprovou e eles

falharam no caminho da salvação. Não existe espaço sagrado ou lugar secreto, nos quais não se encontra dores e tentações.

3. O homem enquanto viver, nunca está livre das tentações, porque carregamos a semente em nós, por causa da concupiscência na qual nascemos. Uma segue à outra; e nós sempre teremos algo a sofrer, porque perdemos o bem e a felicidade primitiva. Muitos procuram fugir para não serem tentados e caem mais gravemente. Não basta fugir para vencer, mas a paciência e a verdadeira humildade nos tornam mais fortes que todos os nossos inimigos.

4. Aquele que, sem arrancar a raiz do mal, somente evita as ocasiões externas, avançará pouco; ao contrário, as tentações retornam a ele mais rapidamente e mais violentas. Você vencerá mais seguramente pouco a pouco e por uma longa paciência, socorrido pela ajuda de Deus, do que por uma obstinação dura e inquieta. Tome conselhos frequentemente na tentação e não trate duramente quem é tentado, mas socorra-o como você gostaria de ser socorrido.

5. O começo de todas as tentações é a inconstância do espírito e a pouca confiança em Deus e no mestre Ieschouah. Porque, como um barco sem rumo, e empurrado para cá e para lá pelas ondas, assim o homem fraco e mutável que abandona suas resoluções é agitado pelas várias tentações. « O fogo testa o ferro » e a tentação, o homem justo. Muitas vezes não sabemos o que podemos, mas a tentação mostra o que somos. Entretanto, devemos estar atentos, sobretudo no começo da tentação, porque se triunfa mais facilmente ao inimigo, se não o deixar penetrar na alma e se o rejeita no próprio instante em que se apresenta para entrar. É o que fez um antigo dizer: « Afaste o mal a partir de sua origem. A cura chega tarde demais quando a doença cresce por longos atrasos ». No começo, um simples pensamento é oferecido à mente, depois uma imaginação viva, em seguida o prazer e o movimento desordenado e o consentimento. Assim, pouco a pouco, o inimigo invade toda a alma, quando não se resiste desde o começo. Quanto mais nós atrasamos e nos enfraquecemos ao repeli-lo, mais enfraquecemos a cada dia e o inimigo se torna forte contra nós.

6. Muitos são afligidos por tentações mais violentas no começo de sua conversão, outros no fim. Existem os que sofrem quase toda a sua vida. Alguns são tentados levemente, segundo a ordem e a justiça de Deus

que conhece o estado dos homens, pesa seus méritos e dispõe tudo para a salvação de seus escolhidos.

7. Porque quando somos tentados, não devemos perder a esperança, mas orar a Deus com mais fervor, para que ele se digne nos socorrer em nossas tribulações; porque, segundo a palavra do Apóstolo, « ele nos fará tirar vantagem da própria tentação, de modo que possamos superá-la. Coloquemos então nossas almas sob a mão de Deus », em todas as nossas tentações, todas as nossas dores, porque ele salvará e elevará o espírito humilde.

8. Nas tentações e dificuldades, se reconhece quanto o homem fez de progresso. O mérito é maior e a virtude parece melhor. Não é difícil ser piedoso e fervoroso quando não se experimenta nada doloroso; mas quem se mantém com paciência em tempos de adversidade dá esperança de um grande avanço. Alguns superam as grandes tentações e sucumbem todos os dias às pequenas, de modo que humilhados por serem tão fracos nas menores ocasiões, eles nunca se assumam nas maiores.

14. Evite julgamentos imprudentes e não busque a si mesmo

1. Olhe para si mesmo e evite julgar as ações dos outros. Julgando os outros, os homens se fatigam inutilmente. Eles se enganam mais frequentemente e cometem muitos erros. Mas se examinando e julgando-se, ele sempre trabalha com resultados. Geralmente julgamos as coisas segundo a inclinação de nosso coração, porque o amor-próprio altera facilmente em nós a retidão do julgamento. Se não tivermos sempre em vista somente Deus, ficaremos menos perturbados resistindo ao nosso sentimento.

2. Mas existem frequentemente coisas externa a nós, ou ocultas em nós, que nos impulsionam. Muitos secretamente procuram por si mesmos no que fazem e ignoram. Eles parecem afirmados na paz quando tudo segue segundo seus desejos; mas se tiverem contradições, imediatamente se inquietam e caem na tristeza. A diversidade de opiniões frequentemente produz discussões entre os seres.

3. Dificilmente se abandona um velho hábito e ninguém se deixa voluntariamente ir além do que vê. Se você confiar em sua mente e em sua penetração mais do que na submissão de que Ieschouah nos deu o exemplo, você será iluminado muito pouco e muito tarde sobre a vida espiritual: pois Deus quer que sigamos sua lei, sejamos perfeitamente submissos e que nos elevemos acima de toda a razão por um amor ardente.

15. Sobre as obras de caridade

1. Por nada no mundo nem pelo amor de algum homem, se deve fazer o menor mal. Às vezes, porém, para prestar um serviço em necessidade, adiar uma boa obra ou substituí-la por um melhor; porque então o bem não é destruído, mas é mudado em um maior. Nenhuma obra externa serve sem caridade, mas tudo o que for feito pela caridade, não importa quão pouco seja, produz frutos abundantes. Porque Deus olha menos para a ação que ao motivo que faz agir.

2. Faz muito quem ama muito. Faz muito aquele que faz bem o que faz e faz bem quando subordina sua vontade à utilidade pública. O que se toma por caridade muitas vezes é apenas cobiça, porque é raro que a inclinação, a vontade própria, a esperança de recompensa ou a visão de algum benefício particular não afete nossas ações.

3. Aquele que tem a verdadeira e perfeita caridade não procura nada. Seu único desejo é que a glória de Deus se opere em todas as coisas. Ele não inveja ninguém, porque não deseja nenhum favor particular, não coloca sua alegria em si mesmo e que, desdenhando todos os outros bens, ele busca sua felicidade apenas em Deus. Ele nunca atribui qualquer bem à criatura. Ele os atribui todos a Deus, de quem eles fluem como sua fonte e no gozo de que todos os santos descansam para sempre como no seu último fim. Oh! quem teria uma centelha de verdadeira caridade, que todas as coisas da terra lhe pareceriam inúteis!

16. Que devemos suportar os defeitos dos outros

1. O que o homem não pode corrigir em si ou nos outros, deve suportar com paciência, até que Deus ordene o contrário. Pense que assim pode

ser melhor, para testar a paciência, sem a qual nossos méritos são pouca coisa. Entretanto, você deve orar a Deus para ajudá-lo a vencer esses obstáculos, ou a suportá-los com suavidade.

2. Se alguém, avisado uma ou duas vezes, não se rende, não dispute. Confie tudo a Deus, que sabe tirar o bem do mal, para que sua vontade se realize e que ele seja glorificado entre todos os seus servidores. Aplique-se a suportar pacientemente os defeitos e enfermidades dos outros, quaisquer que sejam, porque também existem coisas em você que os outros têm que suportar. Se você não pode se tornar como quer, como gostaria, como pode fazer com que os outros sejam de acordo com seus desejos? Nós gostamos que outros estejam livres de defeitos e nós não corrigimos os nossos.

3. Nós queremos que os outros sejam advertidos severamente e não queremos ser advertidos. Ficamos chocados que lhes seja dado grande liberdade e não queremos que não nos recusem nada. Nós queremos que sejam restringidos por regulamentos e não toleramos que sejamos restringidos na menor coisa. Por isso se vê claramente como é raro usarmos a mesma medida para nós e para os outros. Se todos fossem perfeitos, o que teríamos de sua parte a sofrer por Deus?

4. Mas Deus ordenou para que aprendamos a suportar o fardo um do outro, porque cada um tem seu fardo. Ninguém é isento de defeitos. Ninguém é suficiente a si mesmo. Ninguém é tão sábio para se conduzir sozinho, mas devemos nos suportar, nos consolar, nos ajudar, nos instruir, nos advertir mutuamente. É na adversidade que se vê melhor a virtude de cada um. Porque as situações não fazem o homem frágil, mas mostram o que ele é.

17. Sobre a vida religiosa

1. Devemos aprender a restringir nossos impulsos, se quisermos manter a paz e concórdia com os outros. Não é uma coisa pequena viver em uma ilusão de humildade e paz interior. Se você quer ser estabelecido e crescer em virtude, olhe para si mesmo como um exilado e como um estranho na terra. Devemos, pelo amor de Ieschouah, nos tornar tolos de acordo com o mundo, se quisermos ser religiosos.

2. As aparências e a vestes religiosas não fazem de você um religioso. É a mudança de seus costumes, a humildade e o controle de seus impulsos que o farão um verdadeiro religioso. Aquele que busca outra coisa além de Deus e a salvação de sua alma não encontrará tribulação e dor. Nem ele pode permanecer por muito tempo em paz, que não se esforça para ser o último de todos, praticando a verdadeira e sincera humildade.

3. Você veio para servir e não para dominar. Saiba que foi chamado para sofrer pelo fato de estar vivo. Nenhum homem pode viver em espírito neste mundo a menos que queira se humilhar de todo o coração para a causa de Deus.

18. Sobre o exemplo dos sábios e dos santos

1. Contemple os exemplos dos sábios, em quem a verdadeira perfeição da vida religiosa foi manifestada. Você irá perceber que não fazemos quase nada. Ai de nós! O que é nossa vida comparada à deles? Os sábios e os amigos de Ieschouah serviram a Deus na fome e na sede, no frio e na nudez, no trabalho e na fadiga, nos velhos e nos jovens, nas orações e nas santas meditações, em uma infinidade de perseguições e ofensas.

2. Oh! Que dolorosas tribulações sofreram todos aqueles que queriam seguir os passos de Ieschouah! Oh! Que vida de renúncias e austeridades, a dos santos no deserto! Que longas e duras tentações eles passaram! Quantas vezes eles foram atormentados pelo inimigo! Quantas orações frequentes e fervorosas eles ofereceram a Deus! Que abstinências rigorosas eles praticaram! Que zelo, que ardor para seu avanço espiritual! Que forte luta contra suas paixões! Que intenção pura e reta sempre dirigida a Deus! Eles trabalharam durante o dia e passaram a noite em orações. Mesmo durante o trabalho, não pararam de oram mentalmente.

3. Todo o tempo deles teve um trabalho útil. As horas que doaram a Deus lhes pareciam curtas e encontraram tanta suavidade na contemplação, que esqueciam dos desejos do corpo. Eles renunciaram às riquezas, às dignidades, às honras, aos seus amigos, aos seus pais. Eles nada queriam do mundo. Eles mal estavam tomando o que era necessário para a vida. Ocupar-se do corpo, mesmo na necessidade, lhes era uma aflição. Eles estavam pobres das coisas da terra, mas estavam

ricos em graça e em virtudes. Externamente, tudo lhes faltava, mas Deus os fortaleceu com sua graça e consolação.

4. Eles eram estrangeiros para o mundo, mas unidos a Deus e seus amigos familiares. Eles se viam como nada e o mundo os desprezava, mas eram queridos por Deus e preciosos diante dele. Eles viviam em uma humildade sincera, em uma obediência simples, na caridade, na paciência e assim se tornavam cada dia mais perfeitos e mais agradáveis a Deus. Eles foram dados como um exemplo para todos aqueles que professam a verdadeira religião, e eles devem nos excitar mais para avançar na perfeição, do que a multidão de fracos nos leva à frouxidão.

5. Oh! Que fervor em todos os religiosos no começo de sua santa instituição! Que imitação de virtude! Que disciplina severa! Que submissão todos mostraram pela regra de seu fundador! O que nos resta deles ainda atesta a santidade e a perfeição desses homens que, combatendo generosamente, pisotearam o mundo sob os pés. Hoje contamos muito que um religioso não viole sua regra e que suporte pacientemente o jugo do qual está encarregado. Ó tepidez, ó negligência de negligência de nosso estado, que tão logo extinguiu o velho fervor entre nós! Agora tudo cansa a nossa covardia, até tornarmos a vida monótona. Quisera Deus que depois de ver tantos exemplos de homem verdadeiramente piedoso, você não se permitiria adormecer completamente em si o desejo de avançar na virtude!

19. Sobre as práticas de um bom religioso

1. A vida de um verdadeiro religioso deve brilhar com todas as virtudes, de maneira que ele seja interiormente o que parece diante dos homens. E certamente ele deve ser ainda mais perfeito por dentro do que parece fora, porque Deus nos observa e que devemos em todos os lugares reverenciá-lo profundamente e andar em Sua presença pura como os anjos. Devemos a cada dia renovar nossa resolução, nos excitar ao fervor, como se nossa conversão começasse hoje e dizer: « Ajudai-me, Senhor, em minhas santas resoluções e em vosso serviço. Dai-me um bom começo agora porque o que eu fiz até agora não é nada. »

2. A firmeza de nossa resolução é a medida de nosso progresso e uma grande atenção é necessária a quem quer avançar. Se quem forma as

resoluções mais fortes se relaxa frequentemente, o que será do que raramente toma ou só toma resoluções fracas? Contudo, nós abandonamos nossas resoluções de várias maneiras e a menor omissão em nossos exercícios tem quase sempre uma consequência infeliz. Os justos, em suas resoluções, confiam mais na graça de Deus do que em sua própria sabedoria. O que quer que eles façam, é só nele que eles depositam sua confiança. Porque o homem propõe e Deus dispõe e o caminho do homem não está em si.

3. Se às vezes omitimos nossas práticas diárias por algum motivo piedoso ou pela utilidade de nossos irmãos, nos será fácil em seguida reparar essa omissão. Mas se as abandonarmos sem boa razão, por tédio ou por negligência, é uma falta grave. Vamos fazer todos os nossos esforços e ainda cairemos facilmente em muitos erros. Entretanto se deve sempre se propor algo fixo, sobretudo a respeito do que forma o maior obstáculo ao nosso avanço. Devemos também examinar e regular nosso interior e exterior, porque ambos servem ao nosso progresso.

4. Se você não puder viver em retiro total, ao menos recolha-se de tempos em tempos, pelo menos uma vez por dia, de manhã ou à noite. De manhã forme suas resoluções. À noite, examine sua conduta e o que teve em suas palavras, ações, pensamentos, porque é possível que tenha ofendido a Deus e ao próximo muitas vezes. Assim como um soldado cheio de coragem, arme-se contra os ataques do demônio. Reprima a intemperança e reprimirá mais facilmente os outros desejos da carne. Nunca fique completamente ocioso, mas leia ou escreva, ore, medite, trabalhe em algo útil para a comunidade. No entanto deve-se aplicar com discrição aos exercícios do corpo e eles não são igualmente adequados a todos.

5. O que sai das práticas comuns não deve aparecer externamente. É mais seguro fazer em segredo suas práticas pessoais. Tenha cuidado, no entanto, em negligenciar as práticas da sua Confraria para os de sua escolha. Mas após ter realizado seus deveres prescritos por sua Confraria fiel e plenamente, se tiver tempo, coloque-se para si mesmo segundo o movimento de sua devoção. Nem todos podem seguir os mesmos exercícios. Um é melhor para este, outro para aquele. Queira diversificá-los de acordo com o tempo. Há alguns que gostamos mais nos dias de festas e outros nos dias comuns. Alguns são necessários para nós no momento da tentação, outros no momento de paz e descanso. Outros

são os pensamentos que nos agradam na tristeza, ou quando experimentamos a alegria em Deus.

6. É necessário, na época dos grandes festivais, renovar nossos exercícios piedosos e implorar com mais fervor a ajuda dos seres santos que nos precederam. Proponhamo-nos viver de uma festa a outra como se estivéssemos então a deixar esse mundo e entrar na festa eterna. E para isso nos preparamos com cuidado nesses tempos sagrados por uma vida mais piedosa, por uma observância mais severa das regras, como tão logo receber de Deus e de nosso mestre Ieschouah a recompensa de nosso trabalho.

7. E se esse momento for adiado, acreditemos que não estamos ainda bem preparados nem dignos dessa glória imensa que nos será revelada em seu tempo e redobremos os esforços para melhor nos dispormos a essa passagem. « Feliz o servidor, diz São Lucas, que o Senhor, quando vier, encontrará vigiando. Em verdade vos digo que ele o estabelecerá em todos os bens. »

20. Sobre o amor à solidão e silêncio

1. Procure um tempo adequado para se ocupar de si mesmo e pense frequentemente nos benefícios de Deus e em nosso mestre Ieschouah. Deixa lá o que serve apenas para alimentar a curiosidade. Leia o que toca o coração e não o que diverte a mente. Evite os discursos supérfluos, os cursos inúteis. Feche os ouvidos aos ruídos vãos do mundo e encontrará bastante lazer para as meditações santas. Os maiores santos evitavam tanto quanto lhes fosse possível o comércio dos homens e preferiam viver em segredo com Deus.

2. Um antigo disse: « Todas as vezes em que estive na companhia dos homens, me tornei menos homem do que eu era. » É o que experimentamos quando participamos de discussões longas e inúteis. [E mais fácil ficar quieto do que exceder nessas discussões. Portanto, quem aspira à vida interior e espiritual deve afastar-se da multidão com Ieschouah. Ninguém se mostra sem perigo se não gosta de ficar oculto. Ninguém fala com medida se não ficar quieto. Ninguém está seguro nos primeiros lugares se ele não gosta dos últimos. Ninguém comanda sem perigo se não aprendeu a obedecer.

3. Ninguém se alegra com segurança se não tem em si o testemunho de uma boa consciência. Entretanto, a confiança dos santos sempre esteve plena de respeito a Deus. Qualquer que fosse o brilho de suas virtudes, quão abundantes fosse suas graças, eles não eram nem menos humildes nem menos vigilantes. A segurança dos maus nasce, ao contrário, do orgulho de da presunção e termina pela cegueira. Não prometa segurança a si mesmo nesta vida, embora pareça ser um santo religioso ou um piedoso solitário.

4. Frequentemente os melhores na estima dos homens correram os maiores perigos por causa de seu excesso de confiança. É então útil para muitos não estarem inteiramente livres das tentações e de sofrer ataques frequentes, de receio que, tranquilos em si mesmos, eles não se elevem com orgulho ou que não se entreguem muito às consolações externas. Ó, se nunca se buscasse as alegrias passageiras, se nunca se ocupassem do mundo, se possuiria uma consciência pura! Ó, quem cortasse toda solicitude inútil, pensando apenas na salvação e em Deus, e colocando nele toda sua esperança, de que paz e repouso ele desfrutaria!

5. Ninguém é digno de consolo celestial se não se exercita há muito tempo na santa humildade. Se você deseja a verdadeira humildade do coração, entre em sua célula e expulse o ruído do mundo. Você encontrará em sua célula, em seu coração, o que frequentemente perdemos no exterior. É assim que a vida interior se torna doce. Frequentemente negligenciada, gera tédio. Se você conseguir conservá-la em si mesmo, ela se tornará uma cara amiga e será sua consolação mais doce.

6. No silêncio e no repouso, a alma piedosa faz grandes progressos e penetra o que está oculto. Ela deve se afastar do tumulto do mundo. É melhor ser humilde e cuidar da sua alma que fazer milagres e esquecer de si mesmo. É louvável em uma prática espiritual escolher suas saídas e associações.

7. Por que você quer ver o não lhe é permitido ver? Os desejos dos sentidos podem nos levar. Mas uma vez que o impulso se vai, o que resta senão uma consciência pesada e um coração triste? Assim, toda a alegria proveniente de impulsos desenfreados nos dá prazeres intensos, mas no final, dói e mata. O que mais você pode ver que não vê onde está? Aí está o céu, a terra, os elementos, é disso que tudo é feito.

8. Onde quer que você vá, o que você verá que é estável sob o sol? Você pode pensar que está saciado, mas nunca o alcançará. Eleve os olhos para o céu e ore por suas fraquezas e negligências. Deixe para os homens vãos as coisas vãs. Por você, ocupe-se do espiritual. Feche as portas de seus sentidos e invoque a presença de Ieschouah. Fique com ele no segredo de seu coração, porque em nenhum lugar você encontrará tanta paz. Mas se você gosta de ouvir coisas novas, você deve suportar o problema do coração.

21. Sobre a humildade e o respeito

1. Se você quiser fazer algum progresso, mantenha-se no respeito de Deus. Submeta seus impulsos a um controle severo. Disponha seu coração à verdadeira humildade e encontrará a verdadeira piedade. A humildade produz muitos bens, que se perdem rapidamente se abandonando ao orgulho e à vaidade. Estranho que um ser nesta vida possa repousar plenamente em alegria, quando considera seu exílio e a quantos perigos sua alma está exposta!

2. Por causa da leveza de nosso coração e do esquecimento de nossas falhas, não sentimos os males de nossa alma e muitas vezes rimos em vão quando deveríamos chorar. Só há a verdadeira liberdade e alegria sólida na humildade e na boa consciência. Feliz o que pode afastar tudo o que o distrai e detém, para ser inteiramente absorvido em tal atitude da alma. Feliz quem rejeita tudo o que pode contaminar sua consciência ou deixá-la cansada. Combata generosamente. Nós triunfamos sobre um hábito com outro hábito. Se você souber como deixá-los enfraquecidos, eles deixarão você fazer o que quiser.

3. Não atraia os assuntos dos outros e não se incomode com os dos seres de poder. Que seu olho se abra primeiramente sobre si mesmo. Antes de retomar seus amigos, não se esqueça de retornar a si mesmo. Se não tiver o favor dos homens, não lamente. Mas que seu esforço seja de não viver tão bem, e com tanta vigilância quanto um servo de Deus e um bom religioso deve ser. É mais útil e seguro não ter muitas consolações nesta vida. Entretanto, se estivermos privados de consolações divinas, ou se as experimentamos raramente, a falha está em nós, porque não buscamos a humildade do coração e não rejeitamos inteiramente as vãs consolações externas.

4. Reconheça que você é indigno do consolo celestial e que merece grandes tribulações. Quando o homem é penetrado por uma humildade perfeita, o mundo inteiro lhe é amargo e insuportável. O justo sempre encontra assuntos suficientes para se afligir e chorar. Porque considerando a si mesmo ou aos outros, ele sabe que ninguém aqui embaixo está isento de tribulações. Quanto mais ele se vê atentamente, mais profunda é sua dor. O assunto da aflição justa e da grande tristeza interior são nossos pecados e vícios, nos quais estamos tão enterrados, que raramente podemos contemplar as coisas do céu.

5. Se você pensar mais longamente sobre sua morte do que na duração da vida, sem dúvida, você não teria mais ardor para se corrigir. E se você refletisse seriamente sobre sua eternidade, acredito que estaria mais disposto a suportar o trabalho e a dor. Mas porque essas verdades não penetram no coração e nós ainda amamos o que nos lisonjeia, permanecemos frios e descuidados.

6. Portanto, ore humildemente ao Senhor que lhe dá o espírito da verdadeira humildade.

22. Sobre a consideração da miséria humana

1. Em qualquer lugar que esteja, para qualquer lado que virar, você estará só se não se voltar para Deus. Por que você se preocupa com que nada aconteça como você deseja e como você quer? A quem tudo acontece segundo sua vontade? Nem a você, nem a mim, nem a nenhum homem sobre a terra. Ninguém nesse mundo, quer seja rei ou papa, está isento de angústias e atribulações. Quem então tem a melhor sorte? Certamente, aquele que sabe voltar sua alma a Deus, protegido pela presença de Ieschouah.

2. Em sua fraqueza e pouca luz, muitos dizem: que esse homem tem uma vida feliz! Que ele é rico, grande, poderoso, elevado! Mas considere os dons do céu e você verá que todos esses bens temporais não são nada. Sempre muito incertos, eles são um fardo que cansa, porque eles nunca são possuídos sem desconfiança e sem medo. Ter os bens temporais em abundância, não é a felicidade do homem. A vida nessa terra pode ser fonte de dores. Quanto mais um homem quer avançar nos caminhos espirituais, mais ele se afasta do aminho atual, porque ele sente melhor

e vê mais claramente a fraqueza e a fragilidade da natureza humana. Comer, beber, observar, dormir, repousar, trabalhar, estar sujeito a todas as necessidades da natureza, é verdadeiramente uma grande miséria para o ser espiritual que queria estar liberto dos seus elos terrestres e livre das correntes de suas paixões.

3. Porque o homem interior está nesse mundo estranhamente ligado pelas necessidades do corpo. Infeliz daqueles que não têm consciência dessas limitações! Mis ainda infelizes os que estão ligados unicamente a essa vida perecível! Porque há alguns que a abraçam tão ansiosamente, que tendo dificilmente o necessário, eles não teriam nenhuma preocupação em elevar sua alma se pudessem sempre viver aqui embaixo.

4. Ó corações insensatos e infiéis, tão profundamente enterrados nas coisas da terra que nada sabem além do que é carnal! Esses são os infelizes! Eles vão se sentir dolorosamente no final, quão ruim foi, quão pouco foi ao que eles estavam ligados. Mas todos os fiéis amigos Ieschouah desprezaram o que lisonjeia a carne e brilha no tempo. Toda sua esperança, todos os seus desejos aspiram aos bens eternos. Seu coração se eleva aos bens invisíveis e imperecíveis, de receio que as coisas visíveis não os façam descer à terra.

5. Não perca, meu irmão, a esperança de avançar no caminho espiritual. Você ainda tem tempo, é hora. Por que você sempre adia a conclusão de suas resoluções? Levante-se e comece agora mesmo a dizer: Eis o tempo de agir, eis o tempo de combater, eis o tempo de me corrigir. Quando a vida é pesada e amarga, então é hora de vencer. Deve-se passar pelo fogo e pela água, antes de entrar no lugar de descanso. Se você não for violento consigo mesmo, não vencerá o vício. Enquanto usarmos esse corpo frágil, não podemos ficar sem fraqueza, sem tédio e sem dor. Nos seria doce aproveitar um repouso isento de qualquer miséria; mas ao perder a inocência pelo pecado, também perdemos a verdadeira felicidade. Portanto devemos perseverar na paciência e esperar pela misericórdia de Deus até que a iniquidade passe e aquilo que é mortal em você seja absorvido pela vida.

6. Oh! Como é grande a fragilidade que sempre inclina o homem ao mal. Você hoje reconhece suas faltas e cai de novo no dia seguinte. Você propõe estar em guarda e uma hora depois de age como se não tivesse proposto nada. Portanto, temos muito a nos humilhar e nunca nos

elevar, sendo tão frágeis e inconsistentes. Podemos perder em um momento por nossa negligência o que com dificuldade adquirimos pela graça com um longo trabalho.

7. O que será de nós no final do dia se formos tão covardes pela manhã? Ai de nós se quisermos desfrutar do descanso, como se já estivéssemos em paz e confiança, enquanto não descobrimos em nossa vida um único traço de verdadeira santidade! Nós precisaríamos de muito para ser educados novamente e treinados em novas maneiras, como noviços dóceis, para tentar pelo menos se houvesse em nós alguma esperança de mudança e maior progresso na virtude.

23. Sobre a meditação da morte

1. Isso acontecerá em breve para você aqui embaixo. Veja então em que estado você está. O homem hoje é e amanhã ele desaparece e quando não está mais sob os olhares, passa rapidamente da mente. Ó estupidez e dureza do coração humano, que pensa apenas no presente e não prevê o amanhã! Seja em todas as suas ações e todos os seus pensamentos como deveria ser se tivesse que morrer hoje. Se tiver uma boa consciência, você não temeria a morte. Seria melhor evitar as falhas do que fugir da morte. Se você ainda não está pronto, como será amanhã? O amanhã é um dia incerto e você não sabe se terá um dia seguinte?

2. Qual a utilidade de viver muito tempo sendo que nos corrigimos tão pouco? Uma vida longa não nos traz nada se não progredirmos interiormente. Ao contrário aumenta muito as chances de nos ligar ao mundo. Queira Deus que nós tivéssemos vivido bem nesse mundo um só dia! Muitos contam os anos; mas frequentemente eles pouco mudaram e esses anos foram estéreis! Se é terrível morrer, talvez seja mais perigoso viver tanto tempo. Feliz é aquele a quem a hora da sua morte está sempre presente e que se prepara todos os dias para morrer! Se você já viu um homem morrer, pense que você também passará por esse caminho.

3. Pela manhã pense que você não alcançará a noite. À noite, não se atreva a prometer ver a manhã. Portanto, esteja sempre pronto e viva de tal forma que a morte nunca o surpreenda. Muitos são levados por uma morte súbita e inesperada, porque virá em um momento em que não

pensamos nisso. Quando essa última hora chegar, você começará a julgar todo o resto da sua vida passada e será tarde demais para se arrepender de ter sido tão descuidado e covarde.

4. Que feliz e sábio é quem se esforça para ser assim na vida que deseja ter encontrado a morte. Porque nada dará tanta confiança para morrer feliz, que o perfeito desprezo do mundo, o desejo ardente de avançar na virtude, o amor da regularidade, o trabalho da penitência, a abnegação de si mesmo e a constância de sofrer todos os tipos de adversidades pelo amor de Ieschouah. Você será capaz de fazer muito bem enquanto estiver saudável, mas, doente, eu não sei o que você poderá. Há poucos em que a doença melhore, pois são poucos os que se santificam por frequentes peregrinações.

5. Não conte com seus amigos ou parentes e não atrase sua salvação no futuro. Na verdade, os homens o esquecerão mais rápido do que você pensa. É melhor prover cedo e enviar um pouco de bem, que esperar ajuda dos outros. Se você agora não tem preocupação consigo mesmo, quem vai se preocupar com você no futuro? Agora o tempo é de um grande prêmio. Agora é o tempo propício, o dia em que você pode agir. Faça melhor uso do que poderia lhe servir para merecer viver eternamente! Vai chegar o tempo em que você desejará um só dia, uma só hora, para purificar sua alma e não sei se você conseguirá.

6. Ah, meu irmão, de qual perigo, de qual medo terrível você pode se livrar se você está no presente sempre com medo da morte! Agora estude para viver de modo que, na hora da morte, você tenha mais motivos para se alegrar do que para temer. Aprenda agora a morrer para o mundo para então começar a viver com Ieschouah. Aprenda agora a desprezar tudo, para então poder ir livremente a Ieschouah. Reconheça e domine seus impulsos incontrolados pelas práticas apropriadas para que assim você possa ter uma confiança sólida.

7. Tolo, sobre o que você está prometendo viver por um longo tempo, quando você não tem um único dia seguro? Quantos foram enganados e subitamente arrancados de seus corpos! Quantas vezes você já ouviu: Esse homem morreu de repente; esse se afogou, aquele se quebrou ao cair de um lugar elevado; um expirou enquanto comia, o outro enquanto brincava; um pereceu pelo fogo, outro pelo ferro, outro pela peste, e outro pelas mãos de ladrões! E assim o fim de todos é a morte e a vida dos homens passa como a sombra.

8. Quem se lembrará de você depois da sua morte e quem orará por você, se não os membros da sua arquiconfraria? Faça agora, meu caro irmão, tudo o que puder, porque você não sabe quando vai morrer, nem o que acontecerá após sua morte. Enquanto você tem tempo, acumule riquezas imortais. Pense somente em sua salvação, se ocupe apenas das coisas de Deus. Faça agora amigos, honrando os sábios e imitando suas obras, para que chegado ao fim dessa vida, você seja recebido intacto no reino celeste.

9. Viva na terra como um viajante e um estrangeiro para quem as coisas do mundo não são nada. Mantenha seu coração livre e sempre elevado a Deus, porque você não tem aqui embaixo moradia permanente. Que seus gemidos, suas lágrimas, suas orações se elevem todos os dias ao céu para que sua alma, após a morte, seja recebida por Ieschouah e mereça passar alegremente a Deus.

24. Sobre o julgamento e suas próprias fraquezas

1. Em todas as coisas olhe para o final e se refira ao dia em que você estará lá, de pé diante do Juiz severo a quem nada se esconde, aquele que não se apazigua por presentes, que não aceita desculpas, mas que julgará de acordo com a justiça. O que você responderá a Deus, que conhece todos os seus atos, você que treme às vezes em face de um homem irritado? Por qual esquecimento estranho de si mesmo você se vai, sem nada prever, em direção ao dia em que ninguém poderá ser desculpado nem defendido por outro, mas onde cada um será para si mesmo um fardo pesado? Agora seu trabalho produz seus frutos: seus esforços são endossados, seus sofrimentos considerados, sua dor conhecida por enquanto Deus purifica sua alma.

2. Você deve ver suas próprias fraquezas antes de ver a dos outros. Você deve orar sinceramente para os que se opõem a você e lhes perdoar do fundo do coração. Se você errou, deve sempre estar pronto a pedir perdão. Aumente sua compaixão ao invés de sua cólera. Faça força para sujeitar inteiramente a carne ao espírito. É melhor se purificar agora de seus pecados e excluir seus vícios, do que esperar para expiá-los na outra vida. Quanto nos enganamos pelo amor desordenado que temos por nossa carne.

3. O que esse fogo devorará, a não ser nossas fraquezas e falhas? Quanto mais você se deixar hoje, mais deixará seus impulsos guiá-lo, mais terríveis serão as consequências. As descrições infernais são um bom símbolo.

4. Cada vício terá sua própria consequência e é muito provável que irá lhe atormentar. Lá o soberbo será preenchido com confusão e os avarentos reduzidos à mais miserável indigência. Lá uma hora será mais terrível na dor, que uma centena de anos aqui na mais dura penitência. Que sua vontade seja forte o suficiente para se opor a seus impulsos nocivos. É aqui que você será útil aos seus próximos, chama a atenção de Ieschouah e será abençoado por Deus. Porque então os justos se elevarão com grande segurança contra os que os oprimiram e desprezaram. Não esqueça que o maior valor é o da alma e do coração. Somente esses permanecerão quando o corpo tiver desaparecido.

5. Então se verá quem foi sábio nesse mundo, aquele que parecia discreto e colocou sua confiança em Ieschouah. Então, vamos nos congratular pelas dificuldades que tivemos quando percebermos as razões para tal vida. Então todos os justos serão exaltados de alegria e todos os corrompidos consternados de dor. Então a carne afligida se regozijará mais do que se tivesse sido sempre nutrida nas delícias. Então as vestes pobres resplandecerão e os hábitos suntuosos perderão todo seu brilho. Então a pequena moradia mais pobre será julgada acima do palácio todo brilhante de ouro. Então uma paciência constantemente sustentada será de mais ajuda que todo o poder do mundo e uma verdadeira humildade, maior que toda a prudência do século.

6. Então se encontrará mais alegria na pureza de uma boa consciência que em uma douta filosofia. Então o desprezo das riquezas terá mais peso na balança do que todos os tesouros da terra. Então as memórias de uma oração piedosa, de uma meditação pacífica, serão de mais consolação que as de uma refeição esplêndida. Então você vai se alegrar mais do silêncio mantido do que longas entrevistas. Então, o que você fez bem e bom vai prevalecer sobre a retórica. Então você irá preferir uma vida de trabalho a todos os prazeres da terra. Aprenda então agora a suportar alguns sofrimentos leves para então se livrar de sofrimentos maiores. Há, sem dúvida, duas alegrias que não podem ser satisfeitas: você não pode depender inteiramente aqui embaixo das delícias do mundo e então reinar com Ieschouah.

7. Se você viveu até hoje em honras e prazeres, de que isso lhe serviria se você tivesse que morrer imediatamente? Tudo é vaidade, exceto amar e servir a Deus. Porque aquele que ama a Deus com todo o seu coração não teme nem a morte, nem os sofrimentos, nem o julgamento, porque o amor perfeito nos dá acesso garantido perto de Deus. Mas aquele que se deleita sem controle nos prazeres da carne, não é de surpreender que tenha medo da morte e do julgamento. Entretanto, se o amor ainda não o afasta do mal, é bom que pelo menos a consciência das consequências o retenha. Quem não abre seu coração ao mundo espiritual, a Ieschouah e a Deus, não poderá perseverar por muito tempo no bem. Ele rapidamente cairá nas armadilhas do corpo.

25. Que se deve trabalhar com fervor para a correção de sua vida

1. Seja vigilante e fervoroso no serviço de Deus e faça-se frequentemente essa pergunta: por que você está aqui? É para viver sem consciência ou para cultivar o espírito e se tornar um homem espiritual? Abrace seu desejo de avançar porque em breve receberá a recompensa de seus trabalhos e que então não mais haverá nem medo nem dor. Agora um pouco de trabalho e progressivamente uma grande paz, uma alegria eterna! Se você agir constantemente com ardor e fidelidade, Deus sem dúvida também será fiel e magnífico em sua assistência e suas recompensas. Você deve manter uma esperança firme de alcançar a glória; mas você não deve entrar em uma segurança muito profunda por medo de cair em frouxidão.

2. Um homem com muita ansiedade, entre o medo e a esperança, sendo um dia oprimido pela tristeza, inclinou-se para orar. Ele disse e reiterou em si mesmo: « Se eu soubesse, teria agido diferentemente! » Imediatamente ele ouviu interiormente essa resposta divina: « Faça agora o que você queria fazer e encontrará paz.» Consolado no mesmo instante, ele se abandonou sem reservas para agir pelo bem em constante humildade e suas agitações cessaram. Ele não queria buscar curiosamente o que lhe aconteceria no futuro, mas se aplicou somente a conhecer a vontade de Deus para começar e concluir tudo o que é bem.

3. Tenha esperança em Deus e faça o bem. Viva na terra em paz e será nutrido por suas riquezas. Uma coisa esfria em alguns o ardor de avançar e de se corrigir: o medo das dificuldades e o trabalho do combate. Na verdade, estão à frente dos outros na virtude os que se esforçam com mais coragem de vencer a si mesmos no que lhes é mais difícil. Pois o homem que faz todo o progresso e merece ainda mais graça, supera a si mesmo e aprende a se controlar.

4. É verdade que nem todos têm também que combater para vencer e morrer para si mesmos. Entretanto, um homem animado de um zelo ardente avançará bem mais, mesmo com muitas paixões, que outro nesse respeito mais bem-disposto, mas morno pela virtude. Duas coisas ajudam a fazer uma grande mudança: eliminar fortemente o que a natureza degradada cobiça e trabalhar ardentemente para conseguir a virtude que lhe é mais necessária. Também se dedique particularmente a evitar e vencer as falhas que mais o desagradam nos outros.

5. Aproveite tudo para seu avanço. Se você vê bons exemplos ou se os ouve dizer, anime-se para imitá-los. Se você perceber algo repreensível, tome cuidado para não cometer o mesmo erro. Se fez isso algumas vezes, tente se corrigir imediatamente. Como seu olho observa os outros, também os outros o observam. Quão consoladora e doce é ver seres piedosos e fervorosos, trabalhando para se emendar e fiéis à observância da regra da arquiconfraria! Ao contrário, como é triste e difícil ver quem não vive assim não aplicando os princípios de Ieschouah. Ele se prejudica negligenciando os deveres da própria vocação e desviando o coração para coisas das quais não se é responsável!

6. Lembre-se do que prometeu e que o exemplo dos sábios e de Ieschouah lhe esteja sempre presente. Você tem um bom motivo para corar, considerando a vida de Ieschouah, por ter feito até hoje tão poucos esforços para adequar ao seu, embora você tenha estado no caminho espiritual por tanto tempo. Um religioso que se puser a meditar seriamente e com piedade na vida muito santa de Ieschouah, encontrará muitos exemplos de sabedoria.

7. Um religioso fervoroso recebe o que é ordenado e se submete sem dificuldade. Seguir o caminho espiritual de maneira desinteressada e relaxada leva à dor, não encontrando nada além de vergonha de todos os lados, porque é privado de consolações interiores. Um religioso que

se liberta de suas regras é exposto a terríveis quedas. Quem busca uma vida menos austera e mais superficial sempre estará angustiado. Sempre algo irá desagradá-lo.

8. Como tantos outros religiosos observam uma disciplina tão restrita? Eles escolhem seus associados com cautela, sabem como comer e viver de forma simples. Eles trabalham muito, falam pouco, vigiam por muito tempo, acordam cedo, fazem práticas espirituais regulares, leituras frequentes e observam em tudo uma disciplina moral exemplar. Seria muito vergonhoso se a preguiça o afastasse de um exercício tão sagrado quando já tantos religiosos da arquiconfraria celebram Ieschouah.

9. Seria mais simples se você não tivesse nada mais a fazer além de louvar de coração e com palavras, perpetuamente, Ieschouah e Deus! Se nunca precisasse beber, comer, dormir e que pudesse não interromper um único momento esses louvores nem outros exercícios espirituais! Você seria então mais feliz que atualmente, sujeito como é ao corpo e todas suas necessidades. Queira Deus que nos libertássemos dessas necessidades e que tivéssemos de pensar apenas no alimento de nossa alma, que tão raramente provamos!

10. Quando um homem não vai buscar consolo em nenhuma criatura, é então que ele começa a provar Deus perfeitamente e que está, aconteça o que acontecer, sempre satisfeito. Então ele não se alegra com nenhuma prosperidade e nenhum contratempo o atinge. Ele se abandona inteiramente com plena confiança em Deus que lhe é tudo em todas as coisas, para quem nada perece, nada morre, para quem ao contrário tudo vive e a quem tudo obedece sem demora.

11. Lembre-se sempre que seu fim se aproxima e que o tempo perdido não volta. Só se adquire as virtudes com bastante cuidados e esforços constantes. Quando começar a faltar entusiasmo, você cairá em perturbações. Mas se perseverar no fervor, encontrará grande paz e sentirá seu trabalho mais leve, por causa da graça do espírito e do amor da virtude. O homem fervoroso e zeloso está pronto para qualquer coisa. É mais difícil resistir aos vícios e às paixões que suportar as fadigas do corpo. Quem não evita as pequenas faltas vai aos poucos nas grandes. Você sempre se alegrará à noite, quando tiver usado o dia com resultados. Cuide de você, excite-se, avise-se, e o que mais você fizer, não se negligencie. Você não fará progresso se não fizer esforço controlando seus impulsos e superando suas fraquezas.

SEGUNDO LIVRO – INSTRUÇÕES PARA AVANÇAR NA VIDA INTERIOR

1. Sobre a conversação interior

1. O reino de Deus está dentro de você. Volte-se para Deus com todo o seu coração. Deixe este mundo miserável e sua alma encontrará descanso. Aprenda a desprezar as coisas exteriores e a se doar para as coisas interiores. Você então verá o reino de Deus entrando em você. Porque o reino de Deus é paz e alegria no Espírito Santo, o que não é dado aos maus. Ieschouah virá a você e o preencherá com suas consolações, se você preparar para ele internamente uma morada digna dele. Toda sua glória e toda sua beleza é interior. É no segredo do coração que ela se apraz. Ela visita frequentemente o homem interior. Suas conversas são doces, suas consolações deliciosas e sua paz é inesgotável e sua familiaridade incompreensível.

2. Alma fiel, apresse-se então a preparar seu coração, para que ela se digne a vir e habitar em você. Pois é dito: « Se alguém me ama, manterá minha palavra e eu irei a ele e farei nele minha morada. Deixe então Ieschouah entrar em você e acolha-o com reverência. Então você se tornará rico em espírito. Ele cuidará de você. Ele tomará de você um cuidado fiel em todas as coisas, de maneira que você não terá o desejo de esperar nada dos homens. Porque os homens mudam rápido e de repente lhe faltam, mas Ieschouah permanece eternamente. Firme em sua constância, ele estará perto de você até o fim.

3. Você não pode confiar na natureza humana frágil e mortal. Ainda que cada um possa ser útil ao outro, as paixões humanas são frequentemente chance para conflitos. Os que hoje estão com você, amanhã poderão estar contra e reciprocamente. Os homens mudam com o vento. Coloque em Deus toda sua confiança. Que ele seja seu temor e seu amor. Ele responderá por você e fará o que é melhor. Você não tem morada estável nesse mundo material. Em qualquer lugar que esteja, será estrangeiro e viajante. Você nunca terá repouso se não estiver unido intimamente a Ieschouah.

4. O que você está procurando ao seu redor? Não é aqui o lugar de seu repouso. Sua morada deve ser no céu e deve ver as coisas da terra apenas

como passageiras. Tudo passa e você passa com todo o resto. Tenha cuidado para não se apegar a nada por medo de se tornar escravo e se perder. Não seja insensível, mas aprenda a não ser dependente. Que seu pensamento suba ao mundo divino incessantemente e sua oração a Ieschouah. Se você ainda não sabe se elevar às contemplações celestes, repouse na contemplação de Ieschouah. Receba sua luz, sua força e sua compaixão. Assim você pouco se inquietará do desprezo dos homens e suportará facilmente as palavras caluniadoras.

5. Ieschouah em sua humanidade também foi desprezado pelos homens neste mundo e nas mais extremas ansiedades, abandonado por sua família, seus amigos, seus parentes, em meio a calúnias. Ieschouah em sua humanidade aceitou sofrer. Ieschouah em sua humanidade tinha inimigos e detratores e você gostaria de ter apenas amigos e benfeitores? Como sua paciência poderia ser reforçada se nada de difícil lhe acontece? Se você não quer sofrer nada, como será amigo de Ieschouah?

6. Se apenas uma vez você tivesse ido bem adiante no coração de Ieschouah e que tivesse sentido algum movimento de seu amor, você teria pouca preocupação com o que pode lhe incomodar ou agradar! Você se alegraria com uma indignação recebida porque o amor de Ieschouah ensina ao homem sua verdadeira natureza. Aquele que ama Ieschouah e a verdade, um homem verdadeiramente interior e livre de qualquer afecção desordenada, pode se aproximar livremente de Deus e, elevando-se em espírito acima de si mesmo, nele repousar por um prazer antecipado.

7. Aquele que estima as coisas de acordo com o que são e não de acordo com os discursos e opiniões dos homens, é verdadeiramente sábio. É Deus que instrui mais que os homens. Aquele que vive dentro de si mesmo e que pouco se inquieta com as coisas externas, todos os lugares lhe são bons e todos os tempos para completar seus exercícios piedosos. Um homem interior se recolhe rapidamente porque nunca se espalha inteiramente ao exterior. Os trabalhos exteriores, as ocupações necessárias em certos tempos, não o incomodam, mas presta-se a coisas conforme elas acontecem. Aquele que estabelece a ordem dentro de si mesmo não se preocupa com o que é bom ou ruim nos outros. Não há distrações e obstáculos a menos que sejam criados a si mesmo.

8. Se você fosse o que deveria ser, inteiramente livre e desapegado, tudo contribuiria ao seu bem e progresso. Mas muitas coisas o desagradam e

muitas vezes o incomodam, porque você ainda não está completamente morto para si mesmo e separado das coisas da terra. Nada embaraça e contamina tanto o coração do homem quanto o amor impuro das criaturas. Se você rejeitar as consolações do exterior, você poderá contemplar as coisas do céu e provar muitas vezes as alegrias interiores.

2. Que devemos nos entregar a Deus em um espírito de humildade

1. Não se preocupe com quem está a seu favor ou contra você, mas tome cuidado para que Deus esteja com você em tudo que você faz. Procure a proteção de Ieschouah seu guia. Tenha a consciência pura e Deus tomará sua defesa. Toda a malícia dos homens não pode prejudicar o que Deus quer proteger. Se você sabe como manter a calma e afastar-se das más paixões, Deus irá, sem dúvida, ajudá-lo. Ele sabe o tempo e o modo de libertá-lo. Portanto, abandone-se a ele. É de Deus que vem o auxílio. É ele que liberta da confusão. Muitas vezes é muito útil, nos mantermos em maior humildade, que os outros sejam informados de nossas falhas e nos censurem.

2. Quando um homem é humilde de suas faltas, facilmente ele apazigua os outros e reconcilia facilmente aqueles que estão irritados com ele. Deus protege o humilde e o liberta. Ele ama o humilde e o consola. Ele se curva aos humildes e lhe dispensa suas graças e após a queda. Ele o eleva a glória. Ele revela aos humildes seus segredos, ele o convida e suavemente o atrai a ele. Qualquer afronta que receba, o humilde ainda vive em paz, porque se apoia e Deus e não no mundo. Não pense ter feito progresso se não acredita em si mesmo abaixo de todos os outros.

3. Sobre o homem pacífico

1. Mantenha-se primeiramente na paz. Então poderá dá-la aos outros. Um homem guiado por seus impulsos muda o bem em mal e o segue facilmente. O homem pacífico e bom atrai o bem. Aquele que está afirmado na paz não pensa mal de ninguém. Mas o homem inquieto e descontente é agitado por diversas suspeitas. Ele nunca tem repouso e não deixa os outros repousarem. Ele frequentemente diz o que não

deveria dizer e não faz o que deveria fazer. Atento aos deveres dos outros, ele não cuida dos seus próprios. Então, primeiro de tudo, seja zeloso consigo mesmo, e então você poderá estendê-lo justamente para o próximo.

2. Você sabe como esconder e desculpar seus erros e não quer receber desculpas dos outros. Seria mais justo acusar-se e desculpar seus irmãos e irmãs. Se você quer ser tolerado, tolere também os outros. Veja quanto você ainda está distante da verdadeira caridade e humildade, que nunca se irrita nem se indigna exceto contra ela mesma. Não é uma grande coisa viver bem com os homens agradáveis e bons, porque isso agrada naturalmente a todos. Todos amam seu repouso e se afeiçoam aos que partilham seus sentimentos. Mas viver em paz com homens difíceis, perversos, sem regras, ou que nos contrariam, é uma grande graça, uma virtude corajosa digna de ser louvada.

3. Existem os que estão em paz consigo mesmos e com os outros. E há alguns que não têm paz e que perturbam a dos outros. Eles são dependentes dos outros e mais dependentes de si mesmos. Existe enfim os que se mantêm em paz e que se esforçam para fazê-la chegar aos outros. Para o resto, toda a nossa paz nesta vida miserável consiste mais em humilde sofrimento do que na isenção do sofrimento. Quem sabe melhor como sofrer possuirá a maior paz. Esse é vencedor de si e mestre do mundo, amigo de Ieschouah e herdeiro do céu.

4. Sobre a pureza do espírito e retidão de intenção

1. O homem se eleva acima da terra em duas asas, a simplicidade e a pureza. A simplicidade deve estar na intenção e a pureza na afeição. A simplicidade busca Deus, a pureza o encontra e o aprecia. Nenhuma boa obra lhe será difícil se você estiver livre internamente de qualquer afecção desordenada. Se você quiser apenas o que Deus quer e o que é útil para o seu próximo, você desfrutará de liberdade interior. Se seu coração fosse reto, então toda criatura seria um espelho da vida e um livro cheio de instruções sagradas. Não há criatura tão pequena ou tão vil que não apresente nenhuma imagem da bondade de Deus.

2. Se você tivesse inocência e pureza suficientes em si, veria tudo sem obstáculos. Um coração puro penetra todas as moradas espirituais.

Todos julgam as coisas exteriores segundo o que é interior em si mesmo. Se há alguma alegria no mundo, o coração puro a possui. E se existem angústias e tribulações, antes de tudo são conhecidas pela má consciência. Como o ferro colocado no fogo perde sua ferrugem e se torna brilhante, assim aquele que se doa sem reservas a Deus se livra de sua languidez e se transforma em um novo homem.

3. Quando o homem começa a cair na indiferença, então ele teme o menor trabalho e recebe avidamente o consolo de fora. Mas quando ele começa a se superar perfeitamente e a caminhar com coragem na via de Deus, então ele conta por nada o que lhe foi mais doloroso.

5. Sobre a consideração de si mesmo

1. Nós não devemos confiar muito em nós mesmos, porque frequentemente nos faltam a graça e o julgamento. Nós temos em nós apenas um pouco de luz e esse pouco, é fácil de se perder por negligência. Muitas vezes não percebemos o quanto somos cegos dentro de nós. Ações ruins geralmente nos dão desculpas piores. Às vezes somos movidos pela paixão e acreditamos que é pelo zelo. Nós relevamos pequenas faltas nos outros e permitimos em nós as maiores. Nos sentimos rapidamente e pesamos o que sofremos dos outros. Mas não pensamos em tudo o que eles têm que sofrer de nós. Quem quer que se julgasse equitativamente, sentiria que não tem o direito de julgar alguém duramente.

2. O homem interior prefere o cuidado de si mesmo a qualquer outro cuidado. Quando se está atento em si, facilmente se silencia para os outros. Você nunca será um homem interior e verdadeiramente piedoso, se não mantiver silêncio sobre o que lhe é estranho e se não se ocupar principalmente de si mesmo. Se você tiver a Deus e você mesmo em vista, será pouco afetado pelo que percebe exteriormente. Onde você está quando não está presente em si mesmo? E o que lhe retorna por ter tudo percorrido e ser esquecido? Se quiser possuir paz e estar verdadeiramente unido a Deus, deve deixar lá todo o resto e pensar apenas em si mesmo.

3. Você fará grandes progressos se ficar longe de todo o cuidado do tempo. Você estará, ao contrário, fatigado muito rápido, se contar com

qualquer coisa que seja deste mundo. Que não há nada grande aos seus olhos, elevado, doce, amável, exceto somente Deus, ou o que vem de Deus. Veja toda consolação que repousa sobre a criatura como pura vaidade. A alma que ama a Deus despreza tudo o que está abaixo de Deus. Somente Deus, eterno, imenso e preenchendo tudo, é a consolação da alma e a verdadeira alegria do coração.

6. Sobre a alegria de uma boa consciência

1. A glória do homem de bem é testemunho de sua consciência. Tenha a consciência pura e sempre possuirá a alegria. A boa consciência pode suportar muitas coisas e está plena de alegria nas adversidades. A má consciência está sempre inquieta e perturbada. Você vai desfrutar de um descanso muito agradável se o seu coração não o culpar. Não se alegre de ter feito o bem. Os perversos jamais têm a verdadeira alegria, eles não têm a paz interior, porque não há paz para o ser guiado por seus impulsos desordenados. E se eles dizem: «Nós estamos em paz, os males não virão sobre nós. Quem ousaria nos prejudicar?» Não acredite neles porque a cólera de Deus se elevará de repente e suas obras serão reduzidas a nada e seus pensamentos perecerão.

2. Fazer da tribulação um assunto de glória não é difícil àquele que ama. Glorificar-se assim, é se glorificar na via de Ieschouah. A glória que os homens dão e recebem é curta. A tristeza sempre acompanha a glória do mundo. A glória dos bons está em sua consciência e não na boca dos homens. A alegria dos justos é de Deus e em Deus e sua alegria vem da verdade. Quem deseja a verdadeira e eterna glória desdenha a glória temporal. E aquele que procura a glória temporal e não a despreza com toda sua alma mostra que pouco ama a glória eterna. Usufrui de grande tranquilidade no coração, o que nem o louvor nem a culpa afetam.

3. Ficará facilmente em paz e satisfeito, aquele cuja consciência é pura. Você não é mais santo porque é louvado, nem mais imperfeito porque é culpado. Você é o que é e tudo o que pode ser dito não o fará maior do que é aos olhos de Deus. Se você considerar bem o que é em si mesmo, você se envergonhará do que os homens dizem de você. O homem vê a face, mas Deus vê o coração. O homem observa as ações, mas Deus pesa a intenção. Fazer sempre o bem e se estimar pouco, esse

é o sinal de uma alma humilde. Não querer consolação de nenhuma criatura, é a marca de grande pureza e de grande confiança interior.

4. Quando não se procura no exterior alguma testemunha em seu favor, fica evidente que se está totalmente entregue a Deus. Ter Deus sempre presente no seu interior e não ter nada externamente, é o estado do homem interior.

7. Que se deve amar Ieschouah acima de todas as coisas

1. Feliz aquele que entende o que é amar Ieschouah e ver a si mesmo como é por causa de Ieschouah. É preciso que nosso amor por ele nos separe de qualquer outro amor, porque Ieschouah quer ser amado acima de todas as coisas. O amor da criatura é enganoso e passa muito rápido. O amor de Ieschouah é estável e fiel. Aquele que se prende à criatura, cairá com ela. O que se prende a Ieschouah será consolidado para sempre. Ame e conserve Ieschouah como amigo. Ele não o abandonará quando todos o abandonarem e quando chegar seu fim, ele não o deixará perecer. Quer você queira ou não, você terá que um dia ser separado de tudo.

2. Vivendo e morrendo, fique então perto de Ieschouah e confie na fidelidade daquele que sozinho pode lhe socorrer quando tudo faltar. Tal é seu bem-amado, que não quer partilhar. Ele quer possuir seu coração sozinho e reinar como um rei no trono que é dele. Se você souber banir de sua alma todas as criaturas desprezíveis, Ieschouah terá prazer em habitar em você. Você descobrirá ter perdido quase tudo o que você terá estabelecido nos homens, e não em Ieschouah! Não se apoie em um junco agitado pelo vento e não coloque nele sua confiança, pois toda carne é como a erva e sua glória passa como a flor do campo.

3. Você se enganará frequentemente se julgar os homens de acordo com a aparência. Em vez dos benefícios e do alívio que você procura, você quase sempre sofrerá danos. Busque Ieschouah em tudo e em tudo encontrará Ieschouah. Se você se procurar, você também se encontrará, mas por sua perda. Porque o homem que não busca Ieschouah está prejudicando a si mesmo mais do que todos os seus inimigos e que o mundo inteiro.

8. Sobre a familiaridade que o amor estabelece entre Ieschouah e a alma fiel

1. Quando Ieschouah está presente, tudo é suave e nada parece difícil; mas quando Ieschouah se retira, tudo cansa. Quando Ieschouah não fala interiormente, nenhum consolo é inestimável; mas se Ieschouah diz uma única palavra, se é maravilhosamente consolado. Maria Madalena se levanta rapidamente do leito em que chorava, quando Marta lhe disse: O mestre está lá e a chama? Momento feliz quando Ieschouah chama lágrimas para a alegria do espírito! Quanto, sem Ieschouah, você não é árido e insensível! E que vaidade, que loucura, se você deseja outra coisa além de Ieschouah! Não seria uma perda maior do que se você tivesse perdido o mundo inteiro?

2. O que o mundo pode lhe dar sem Ieschouah? Estar sem Ieschouah, é um inferno insuportável. Estar com Ieschouah, é um paraíso de delícias. Se Ieschouah está com você, nenhum inimigo poderá lhe prejudicar. Quem encontra Ieschouah encontra um tesouro imenso, ou melhor, um bem acima de qualquer bem. Quem perde Ieschouah perde mais e muito mais que se perdesse o mundo inteiro. Viver sem Ieschouah, é o auge da indigência; estar unido a Ieschouah, é possuir riquezas infinitas.

3. É uma grande arte saber conversar com Ieschouah e grande prudência saber mantê-lo perto de si. Seja humilde e pacífico e Ieschouah estará com você. Que sua vida seja piedosa e calma e Ieschouah habitará perto de você. Você afastará Ieschouah rapidamente e perderá sua graça, se espalhar ao exterior. E se você o afastar e perdê-lo, quem será seu refúgio e que outro amigo buscará? Você não pode viver feliz sem um amigo. Se Ieschouah não for um amigo para você acima de todos os outros, nada espere além de tristeza e desolação. Que tolo você é, se você colocar em algum outro a sua confiança ou a sua alegria! Seria melhor ter o mundo inteiro contra você, do que estar na desgraça de Ieschouah. Que ele então lhe seja mais caro que tudo o que lhe é caro.

4. Ame todos os outros por Ieschouah e Ieschouah por ele mesmo. Somente ele deve ser amado unicamente, porque ele é o único amigo bom e fiel, entre todos os amigos. Ame a ele e por ele seus amigos e inimigos, e ore a ele para que todos o conheçam e o amem. Nunca deseje obter qualquer preferência na estima ou no amor dos homens pois isso

pertence somente a Deus, que não tem igual. Não queira que alguém se ocupe de você em seu coração e não se preocupe com o amor de ninguém; mas que Ieschouah esteja em você e todo homem de bem.

5. Seja puro e livre interiormente, sem que nada lhe prenda ao mundo físico. Você deve ser despojado de tudo e oferecer a Deus um coração puro, se quiser ser livre e apreciar como Ieschouah é doce. E, certamente, você nunca terá sucesso se a graça dele não o prevenir e o atrair: de maneira que tendo excluído e banido todo o resto, você só esteja unido a ele somente. Porque quando a graça de Deus visita o homem, então ele tudo pode; e quando ela se retira, ele é então pobre e enfermo e parece reservado apenas à punição. Mesmo nesse estado, não deve nem se deixar abater nem desesperar, mas deve se submeter com calma à vontade de Deus e sofrer pelo amor de Ieschouah tudo o que receber: pois o verão segue o inverno, depois da noite vem o dia e após a tempestade uma grande serenidade.

9. Sobre a privação do consolo

1. Não é difícil desprezar as consolações humanas quando se desfruta das consolações divinas. Mas é grande e muito grande consentir em sermos privados, ao mesmo tempo, das consolações dos homens e de Deus, de apoiar voluntariamente, para a sua glória, esse exílio do coração, de não procurar nada e de não ter retorno sobre seus próprios méritos. O que há de surpreendente se você está pleno de alegria e fervor quando a graça desce em você? É o momento desejado para todos. Avança facilmente e com alegria, aquele que a graça eleva. Como sentiria seu fardo, quando se é transportado pelo Todo-Poderoso e conduzido pelo guia supremo?

2. Sempre procuramos algum alívio e com dificuldade o homem é despojado de si mesmo. Pelo amor do criador, superando o amor do homem, para as consolações humanas, deve-se preferir o bom prazer divino. E você também, aprenda então a abandonar, pelo amor de Deus, os prazeres ilusórios do mundo. E não murmure se acontecer que seu amigo o abandone, sabendo que afinal será necessário um dia separar-se de todos.

3. Não é sem muito combate e por muito tempo em si mesmo, que o homem aprende a se vencer plenamente e a entregar a Deus todas as suas afeições. Quando se apoia em si mesmo, ele se deixa levar facilmente pelas consolações humanas. Mas quem tem verdadeiramente o amor de Ieschouah e o zelo da virtude não cede à atração das consolações e não busca as doçuras sensíveis. Ele deseja acima de tudo, provas fortes e sofrer trabalhos duros para Ieschouah.

4. Quando Deus então lhe conceder alguma consolação espiritual, receba-a com ação de graças. Mas reconheça nisso o dom de Deus e não seu próprio mérito. Não se exalte, não se alegre muito, não conceba uma presunção vã. Que essa graça, ao contrário, o torne mais humilde, mais vigilante, mais tímido em todas suas ações; porque esse momento passará e será seguido pela tentação. Quando a consolação é removida, não se desencoraje imediatamente. Espere com humildade e com paciência que Deus o visitará novamente, porque ele é todo poderoso para lhe consolar ainda mais. Isso não é novo nem estranho para os que têm experiência nas vias de Deus. Os grandes sábios e santos frequentemente experimentaram essas vicissitudes.

5. Um deles, sentindo a presença da graça, exclamou: « Eu disse na minha abundância: Eu nunca serei abalado! » Mas a graça sendo retirada, ele acrescentou: « Você voltou seu rosto para longe de mim e eu estava cheio de problemas ». Entretanto, ele não se desesperou com esse problema. Ele orou ao Senhor com mais insistência, dizendo: « Senhor, eu te clamo e implorarei meu Deus. » Enfim ele recebe o fruto de sua oração e testemunha que lhe foi concedido: « O Senhor me escutou, teve pena de mim, o Senhor fez meu apoio. » Mas como? « Tu, ele disse, mudaste meus gemidos em canções de alegria e me cercaste de alegria ». Ora, já que Deus faz assim com os maiores santos, não devemos perder a coragem, pobres enfermos que somos, se às vezes sentimos fervor e às vezes esfriamento, porque o espírito de Deus vem e se retira conforme lhe apraz.

6. Em que então ter esperança e em que colocar minha confiança, se é somente na misericórdia de meu Deus e na expectativa da graça celeste? Pois, se tenho perto de mim homens virtuosos, religiosos fervorosos, amigos fiéis; se eu leio livros sagrados e tratados eloquentes, ou ouço a doce canção de hinos, tudo isso ajuda pouco e não toca quando a graça se retira e eu estou abandonado em minha própria pobreza. Então, não

há melhor remédio que uma paciência humilde e o abandono de si mesmo à vontade de Deus.

7. Eu nunca encontrei homem tão piedoso e tão perfeito que não tenha experimentado algumas vezes essa privação da graça e diminuição do fervor. Nenhum santo foi arrebatado tão alto nem se preencheu de luz sem ter sido tentado antes ou depois. Porque não é digno de ser elevado até a contemplação de Deus, quem não sofreu alguma tribulação. A tribulação geralmente anuncia a consolação que deve seguir. Porque a consolação celeste é prometida aos que experimentaram a tentação.

8. A consolação divina é dada para que o homem tenha mais força para sustentar a adversidade. A tentação vem depois, para que ele não se orgulhe do bem. Porque Satás não dorme e a carne ainda não está morta. Por isso não deixe de se preparar ao combate, porque à direita e à esquerda estão os inimigos que não repousam jamais.

10. Sobre o reconhecimento pela graça de Deus

1. Por que você busca o repouso quando nasceu para o trabalho? Tenha paciência em vez de consolo e a carregar a cruz em vez de aproveitar a alegria. Qual é o homem que receberia facilmente as alegrias e consolações espirituais, se pudesse apreciá-las sempre? Porque as consolações espirituais ultrapassam as delícias do mundo e todos os prazeres da carne. Todas as delícias do mundo ou são indignas ou vãs. As delícias espirituais são apenas doces e castas, nascidas das virtudes e difundidas por Deus nos corações puros. Mas ninguém pode sempre desfrutar das consolações divinas, porque a tentação nunca para por muito tempo

2. Uma falsa liberdade de espírito e uma grande confiança em si mesmo formam um grande obstáculo às visitas de cima. Deus concede ao homem um grande bem dando-lhe a graça da consolação. Mas o homem faz um grande mal quando não agradece a Deus por esse dom e não o reporta a ele inteiramente. Se a graça não flui abundantemente sobre nós, é porque somos ingratos com seu autor e que não a retornamos à sua fonte original. Porque a graça nunca é recusada para quem a recebe com gratidão e Deus ordinariamente dá ao humilde o que tira do orgulhoso.

3. Eu não quero a consolação que me tira o escrúpulo. Não aspiro à contemplação que conduz ao orgulho. Pois tudo o que é alto não é santo. Tudo o que é doce não é bom. Todo desejo não é puro. Tudo o que é caro ao homem não agrada a Deus. Eu amo uma graça que me torne mais humilde, mais vigilante, mais pronto a renunciar a mim mesmo. O homem instruído pelo dom da graça e por sua privação não ousará se atribuir nenhum bem, mas em vez disso ele confessará sua indigência e sua fragilidade. Dê a Deus o que é de Deus e o que é seu impute apenas a você. Renda glória a Deus por suas graças e reconheça que não tendo nada além de pecado, nada é devido a você, mas a penalidade do pecado.

4. Não se coloque em primeiro lugar e ela o será dada, porque o que está mais elevado se apoia no que está mais embaixo. Os maiores santos aos olhos de Deus são os menores a seus próprios olhos. Quanto mais sua vocação é sublime, mais são humildes em seu coração. Plenos da verdade e da glória celeste, não são ávidos por uma glória vã. Fundados e fortalecidos em Deus, eles não podem subir por si mesmos. Relatando a Deus tudo o que eles receberam de bem, eles não estão buscando a glória que os homens dão e querem somente aquilo que vem de Deus somente. Seu único objetivo, seu único desejo, é que ele seja glorificado nele mesmo e em todos os santos, acima de todas as coisas.

5. Então, seja grato pelas menores graças e você merecerá receber as maiores. Que o mais simples dom, o menor favor tenha para você tanto valor como o mais excelente dom e o favor mais singular. Se você considera a grandeza de quem dá, nada que ele dá parecerá pequeno ou desprezível para você, pois pode ser algo assim no que vem de um Deus infinito? Ele está lhe enviando castigos e punições? Receba-as novamente com alegria, pois é sempre para nossa salvação que ele faz ou permite tudo o que acontece conosco. Se você quiser conservar a graça de Deus, seja grato que ele lhe dá, paciente quando a retira. Ore para que ela lhe seja devolvida e seja humilde e vigilante para não a perder.

11. Sobre o pequeno número dos que aceitam as dificuldades

1. Existem muitos que desejam o reino celeste de Ieschouah, mas poucos aceitam as dificuldades e sofrimentos. Encontramos muitos companheiros de mesa, mas poucos para praticar essa árida via espiritual. Todos querem partilhar a alegria de Ieschouah, mas poucos aceitam suportar alguma coisa por ele. Muitos seguem Ieschouah até a partilha do pão, mas poucos até beber do cálice de sua paixão. Muitos admiram seus milagres, mas poucos têm coragem de ir adiante quaisquer que sejam os sofrimentos. Muitos amam Ieschouah enquanto nenhuma adversidade lhes acontece. Muitos o louvam e o bendizem, enquanto recebem suas consolações. Mas se Ieschouah se esconde e os abandona por um momento, eles caem no murmúrio ou em um abatimento excessivo.

2. Mas os que amam Ieschouah por Ieschouah e não por si mesmos, o bendizem em todas as tribulações e na angústia do coração assim como nas consolações mais doces. E quando ele nunca iria consolá-los, eles sempre o louvariam, sempre lhe renderiam graças.

3. Oh! O que pode ser o amor de Ieschouah, quando é puro e sem mistura de amor e interesse próprio! Não são os mercenários que sempre buscam consolações? Não provam que se amam mais do que Ieschouah, os que sempre pensam em seus ganhos e vantagens? Onde será encontrado alguém que queira servir a Deus por Deus somente?

4. Raramente se encontra um homem tão avançado na via espiritual para ser despojado de tudo. Pois os verdadeiros pobres de espírito, desapegados de todas as criaturas, quem os encontrará? Deve se procurar bem longe e até os confins da terra. Se um homem doa tudo o que possui, isso ainda não é nada. Se faz uma grande penitência, ainda é pouco. E se ele abraçar todas as ciências, ainda está distante. E se ele tiver uma grande virtude e uma piedade fervorosa, ainda lhe falta muito. Falta-lhe uma coisa muito necessária. O que é isso ainda? É que após ter deixado tudo, ele também se deixa e se priva totalmente de amor-próprio. Finalmente, depois de fazer tudo o que ele sabe que precisa fazer, ele ainda acha que não fez nada.

5. Que ele não considera o que pode ser visto como algo grande e que com toda a sinceridade confessa que é um servo inútil. Quando ele estiver muito pobre e separado de todos em espírito e ele poderá dizer: « Sim, eu sou pobre e só no mundo ». Entretanto ninguém é mais rico, mais poderoso, mais livre, como quem sabe deixar tudo e a si mesmo e se colocar como último.

Terceiro livro – Sobre a vida interior

1. Conversas internas de Ieschouah com a alma fiel

1. Feliz da alma que ouve o Senhor lhe falar interiormente e que recebe de sua boca a palavra de consolação! Felizes as orelhas sempre atentas a receber esse sopro divino e surdas ao ruído do mundo! Mais uma vez, felizes as orelhas que escutam não a voz que soa exteriormente, mas a verdade que ensina interiormente! Felizes os olhos que, fechados às coisas externas, só contemplam as internas! Felizes os que penetram os mistérios que o coração esconde e que, pelos exercícios de cada dia, se esforçam para compreender cada vez mais os segredos do Céu! Felizes aqueles que a alegria é se ocupar de Deus e que se libertam de todo constrangimento profano! Considere essas coisas, ó minha alma e feche a porta de seus sentidos regularmente, para que possa ouvir o que o Senhor teu Deus diz em você.

2. Habite próximo de Ieschouah e encontrará a paz. Abandone tudo o que passa. Busque apenas o que é eterno. O que são todas as coisas temporais, além de vãs seduções? E de que lhe servirão todas as criaturas se você for abandonado por Ieschouah? Portanto, renuncie a tudo e se ocupe de agradar a Deus, de lhe ser fiel, para alcançar a verdadeira beatitude.

2. A verdade fala dentro de nós sem nenhum ruído

1. Fale Senhor, porque seu servo escuta. Eu sou seu servo. Dê-me a compreensão de sua mensagem. Incline meu coração para as palavras de sua boca e que elas caiam sobre mim como um doce orvalho. Senhor, essa não é minha oração, mas ao contrário, eu lhe imploro com um desejo humilde. És a luz de todos os profetas e do espírito que os inspirou. Sem eles, só você pode penetrar toda a minha alma da sua verdade e sem você eles não poderiam fazer nada.

2. Eles podem pronunciar as palavras, mas não as tornar eficazes. Sua linguagem é sublime, mas ficares quieto, não aquece o coração. Eles expõem a palavra, mas descobres o sentido. Eles propõem os mistérios,

mas tu rompes o selo que despoja a inteligência. Eles publicam teus mandamentos, mas tu ajudas a realizá-los. Eles mostram o caminho, mas tu dás as forças para caminhar. Eles só agem externamente, mas tu iluminas e instruis os corações. Eles consomem externamente, mas tu dás a fecundidade. Suas palavras atingem o ouvido, mas tu abres a inteligência.

3. Senhor meu Deus, verdade eterna, diga-me, de medo que eu morra e não escute sem resultados; de medo que eu não encontre minha convicção em tua palavra, ouvido sem ser realizado, conhecido sem ser amado, acreditado sem ser observado. Diga-me então, Senhor, porque teu servo escuta, tendes as palavras da vida eterna. Diga-me para consolar um pouco minha alma, para me ensinar como reformar minha vida, conta-me sobre o louvor, a glória, a honra eterna de teu nome.

3. Que se deve ouvir a palavra de Deus com humildade e que muitos não a recebem como deveriam

1. Ieschouah disse: « Meus filhos, escutem minhas palavras cheias de doçura. Minhas palavras são espírito e vida e não devem ser julgadas pelos sentidos humanos. Não se deve tirar uma complacência vaidosa, mas escutá-las em silêncio e as receber com uma humildade profunda e amor ardente ».

2. O adepto: « Feliz aquele que instruis, Senhor e a quem ensinas tua lei, para suavizar os maus dias e de não os deixar sem consolação sobre a terra ».

3. Ieschouah: « Sou eu quem desde o início instruiu os profetas e até agora não parei de falar com todos; mas muitos estão endurecidos e surdos à minha voz. A maioria escuta o mundo em vez de Deus. Eles preferem seguir os desejos da carne a obedecer à vontade divina. O mundo promete pouco e as coisas que passam e são servidas com muito zelo. Eu prometo bens imensos, eternos e o coração dos homens permanece frio. Quem me serve e me obedece em todas as coisas, com tanto cuidado quanto o mundo e os mestres do mundo são servidos? Para uma pequena vantagem, uma grande rota é empreendida e para a vida eterna, dificilmente se encontra quem queira dar um passo. Estamos procurando o ganho mais desprezível. Às vezes pedimos

vergonhosamente por uma moeda enquanto em uma pequena promessa e para uma coisa de nada, não tememos nos cansar dia e noite.

4. Mas, ó vergonha! Para um bem imutável, para uma recompensa infinita, para uma felicidade suprema e uma glória sem fim, não podemos nos levar ao menor cansaço. Servidor indolente e sempre murmurante, core então que existem homens mais ardentes à sua perda do que estás te salvando e para quem a vaidade é mais atraente do que a verdade é para ti. E, no entanto, muitas vezes são enganados por suas esperanças; enquanto minha promessa não engana e nunca me recuso àquele que confia em mim. O que eu prometo eu darei. O que eu disse, cumprirei, se, no entanto, se permanecer com fidelidade em meu amor até o fim. Sou eu que recompensa os bons e que testa fortemente os justos.

5. Grave minhas palavras em seu coração e medite profundamente nelas, porque na hora da tentação, elas serão muito necessárias. O que você não compreender lendo, entenderá no dia de minha visita. Eu tenho o costume de visitar meus escolhidos de duas maneiras: pela tentação e pela consolação. E todos os dias eu lhes dou duas lições: uma os repreendendo por suas faltas, outra os exortando a avançar na virtude. Quem recebe minha palavra e a despreza, será julgado por ela no último dia ».

6. Oração para pedir a graça da devoção

O adepto: « Senhor meu Deus, és todo o meu bem e quem sou eu para ousar te falar?

Eu sou o mais pobre de teus servidores e um verme da terra abjeto, muito mais pobre e desprezível do que eu sei e que não ouso dizer.

Lembra-te, no entanto, Senhor, que eu não sou nada, que não tenho nada, que não posso fazer nada.

És o único bom, justo e santo. Tu podes tudo, dás tudo, preenches tudo, além do pecador que deixas vazio.

Lembra-te de tuas misericórdias e preenchas meu coração com tua graça, tu que não queres que nenhuma de tuas obras permaneça vazia.

Como posso, nessa vida miserável, carregar meu próprio peso, se tua misericórdia e tua graça não me fortificarem? Não afaste teu olhar de mim e não demores para me visitar. Não retires de mim tua consolação, de receio que, privado de ti, minha alma não se torne como uma terra sem água. Senhor, ensina-me a fazer tua vontade. Ensina-me a viver uma vida humilde e digna de ti. Pois és minha sabedoria. Tu me conheces na verdade e me conhecestes antes de eu estar no mundo e antes mesmo do mundo existir ».

4. Que se deve caminhar na presença de Deus na verdade e humildade

1. Ieschouah: « Meu filho, caminhe comigo na verdade e sempre me procure na simplicidade de seu coração. Quem caminha comigo na verdade não temerá nenhum ataque, a verdade o livrará das calúnias e das seduções dos maus. Se a verdade o libertar, você será verdadeiramente livre e pouco lhe importarão as palavras vazias dos homens ».

2. O adepto: « Senhor, isso é verdade: faça-se comigo, pela graça, segundo a tua palavra. Que tua verdade me instrua, me defenda, me mantenha até o fim no caminho da salvação. Que ela me livre de qualquer mau desejo, de qualquer afeto desajustado e eu caminharei contigo em grande liberdade de coração ».

3. Ieschouah: « Eu sou a verdade e a vida. Eu te ensinarei o que é bom, o que me é agradável. Lembre-se de suas falhas com muita dor e profundo arrependimento e nunca pense ser qualquer coisa por causa do bem que faz. Porque, sem a verdade, você é apenas um pecador, sujeito a muitas paixões e envolvido em seus laços. De si mesmo, você tende ao nada; um nada o afeta, um nada o abate, um nada o perturba e desencoraja. Então, o que tem para se vangloriar? e que motivos, pelo contrário, para desprezar a si mesmo! Porque você é muito mais enfermo do que conseguiria compreender.

4. Que nada que faça lhe pareça algo grande. Mas em vez disso, que aos seus olhos nada seja grande, precioso, admirável, elevado, digno de ser estimado, louvado, procurado do que o que é eterno. Ame acima de tudo a verdade eterna e nunca tenha nada além de desprezo pela sua extrema baixeza. Não apreenda tanto, não culpe e evite nada tanto quanto suas fraquezas e seus vícios. Eles devem o afligir mais que todas

as derrotas do mundo. Há alguns que não caminham comigo com coração sincero. Entretanto, guiados por certa curiosidade presunçosa, eles querem descobrir meus segredos e penetrar nas profundezas de Deus, enquanto negligenciam se ocupar de si mesmos e de sua salvação. Esses caem frequentemente, por causa de seu orgulho e de sua curiosidade, em grandes erros, porque me oponho a eles.

5. Tema os julgamentos de Deus. Tema a cólera do Todo-Poderoso. Não observe as obras do Altíssimo, mas investigue tuas iniquidades, o mal que tantas vezes cometeste, o bem que negligenciaste. Muitos colocam toda sua devoção nos livros, outros em imagens, outros em sinais e marcas exteriores. Alguns estão frequentemente na boca, mas pouco no coração. Há outros que, iluminados e purificados internamente, nunca deixam de aspirar a bens eternos, têm que repugnar as atividades da terra e submeter-se pesarosamente às necessidades da natureza. Esses entendem o que o espírito da verdade diz neles. Porque eles aprendem a desprezar o que acontece, a amar o que dura eternamente, a esquecer o mundo e desejar o céu, o dia e a noite ».

5. Sobre os maravilhosos efeitos do amor divino

1. O adepto: Eu te abençoo, Pai Celeste, Pai de Ieschouah, meu Senhor, pois te dignastes lembrar de mim, pobre criatura. Ó Pai das misericórdias e Deus de toda consolação, eu vos rendo graças que, por indigno que sou, tu às vezes me consolas. Eu te abençoo para sempre e te glorifico com teu Filho único e o Espírito consolador, nos séculos dos séculos. Oh, Senhor meu Deus, santo objeto de meu amor, quando desces em meu coração, todas as minhas entranhas tremem de alegria. Tu és a glória e a alegria de meu coração. Tu és minha esperança e meu refúgio no dia da tribulação.

2. Mas como meu amor ainda é fraco e minha virtude instável, quero ser fortificado e consolado por ti. Então, visita-me frequentemente e dirijas-me por tuas instruções divinas. Livra-me das más paixões e tira de meu coração essas afeições desregradas, para que, curado e purificado interiormente, eu me torne digno a te amar, forte para sofrer, firme para perseverar.

3. Esse amor é algo grande e um bem acima de todos os bens. Somente ele torna leve o que está pesado e faz com que se suporte com alma igual todas as vicissitudes da vida. Ele carrega seu fardo sem sentir o peso e torna doce o que há de mais amargo. O amor de Ieschouah é generoso. Ele faz grandes coisas e sempre excita o mais perfeito. O amor aspira a se elevar e não pode ser parado por qualquer coisa terrena. O amor quer ser livre e isento de qualquer afeição do mundo, para que seus olhares penetrem até Deus sem obstáculo, para que não seja retardado pelos bens, nem abatido pelos males temporais. Nada é mais doce que o amor. Nada é mais forte, mais elevado, mais expandido, mais delicioso. Não há nada mais perfeito nem melhor no céu e sobre a terra, porque o amor nasceu de Deus, acima de todas as criaturas.

4. Aquele que ama, corre, voa, está em alegria, é livre e nada o impede. Ele dá tudo para possuir tudo e possui tudo em todas as coisas, porque acima de todas as coisas ele repousa no único Ser soberano, de quem todo bem procede e flui. Ele não olha os dons, mas se eleva acima de todos os bens, até Aquele que doa. O amor muitas vezes não conhece medidas, mas, como água fervente, transborda de todos os lados. Nada pesa sobre ele, nada lhe custa, ele tenta mais do que pode, nunca pretende impossibilidade, porque acredita que tudo é possível e tudo é permitido. E por causa disso ele pode tudo e realiza muitas coisas que cansam e que fatigam inutilmente os que não amam.

5. O amor vigia sem cessar e mesmo no sono não dorme. Nenhuma fadiga o cansa, nenhuma obrigação o interrompe, nenhum receio o incomoda; mas assim como uma chama viva e penetrante, ele se lança para o céu e abre uma passagem segura por todos os obstáculos. Se alguém amar, entende o que diz essa voz. O ardor de uma alma ardente se eleva até Deus como um grande grito: Meu Deus! Meu amor! És tudo para mim e sou tudo para ti!

6. Dilata-me no amor para que eu aprenda a saborear no fundo do meu coração o quão doce é amar e se misturar e se perder no amor. Que o amor me arrebate e me eleve acima de mim, pela vivacidade de seus transportes. Que eu cante o cântico do amor, que eu te siga, ó meu bem-amado, até que nas alturas de tua glória, que todas as forças de minha alma se exaurem para te louvar e que ela desvaneça de alegria e de amor. Que eu te ame mais do a mim mesmo, que eu ame a mim mesmo somente por ti e que eu ame em ti todos os que te amam

verdadeiramente, assim como a lei do amor ordena, que nos descubramos em tua luz.

7. O amor é rápido, sincero, piedoso, gentil, cauteloso, forte, paciente, fiel, constante, magnânimo e que nunca se procura; porque se começar a procurar a si mesmo, instantaneamente deixa de amar. O amor é circunspecto, humilde e reto, sem indolência, sem leveza, ele não se ocupa de coisas inúteis, ele é sóbrio, casto, firme, quieto e sempre atento para vigiar os sentidos. O amor é obediente e submisso aos superiores; ele é vil e desprezível a seus olhos. Dedicado a Deus sem reservas e sempre cheio de gratidão, ele não deixa de confiar em si mesmo, de esperar nele, mesmo que pareça estar abandonado, porque não se vive sem dor no amor.

8. Quem não está pronto para tudo sofrer e se abandonar inteiramente à vontade de seu bem-amado, não sabe o que é amar. É necessário que aquele que ama abrace com alegria tudo o que é mais duro e mais amargo, para seu bem-amado e que nenhum acontecimento o separe dele.

6. Sobre as provas do verdadeiro amor

1. Ieschouah: Meu filho, seu amor ainda não é nem muito forte nem muito iluminado.

O adepto: Por que, Senhor?

Ieschouah: Porque com a menor contrariedade, você abandona a obra começada e procura muito avidamente as consolações. Quem ama fortemente permanece firme na tentação e não cede às sugestões engenhosas do inimigo. No mau assim como no bom sucesso, seu coração também é meu.

2. Aquele cujo amor é iluminado considera menos o dom de quem ele ama do que o amor de quem o ama. A afeição toca mais que o benefício e ele prefere seu bem-amado a tudo o que recebe dele. Quem me ama com coração generoso não repousa em meus dons, mas em mim acima de todos os meus dons. Não acredite em tudo perdido, no entanto, se você sentir por mim ou por meus santos menos amor do que gostaria. Esse amor suave e doce que você experimenta às vezes é o efeito da

presença da graça e um tipo de antevisão da pátria celeste. Não se deve procurar muito apoio porque ele passa como veio. Mas combater os movimentos desregrados da alma e desprezar as solicitações do demônio, é um grande mérito e marca de uma sólida virtude.

3. Não se preocupe com fantasmas, quaisquer que sejam, que obcecam sua imaginação. Mantenha uma resolução firme e uma intenção reta diante de Deus. Não é uma ilusão se, às vezes, você de repente se deliciar com o êxtase e imediatamente voltar aos pensamentos miseráveis que geralmente ocupam seu coração. Porque você vai sofrer mais do que não agir; e contanto que eles o desagradem e você resista, é um mérito e não uma queda.

4. Saiba que o antigo inimigo se esforça para sufocar seus bons desejos e afastá-lo de todo exercício piedoso, do culto dos santos, da meditação de minhas dores e minha morte, da lembrança muito útil de seus pecados, da atenção de vigiar seu coração e do firme propósito de avançar em virtude. Ele sugere a você milhares de pensamentos ruins para causar problemas e abatimento, para afastá-lo da oração e das leituras sagradas. Uma confissão humilde o desagrada e, se pudesse, ele iria distanciá-lo completamente da comunhão. Não o tema e não tenha nenhuma apreensão, embora ele muitas vezes coloque armadilhas para surpreendê-lo. Rejeite dele somente os pensamentos criminosos e vergonhosos que ele inspirar. Diga-lhe: «Vá, espírito imundo! Envergonhe-se, infeliz! É preciso que você seja estranhamente perverso para ter uma tal linguagem. Retire-se de mim, sedutor detestável, você nunca terá em mim nenhuma parte. Ieschouah está perto de mim como um formidável guerreiro e você se confunde. Prefiro morrer e sofrer todos os tormentos, do que consentir com o que você propõe. Cale-se, não fale mais comigo! Não vou mais ouvir você, o que quer que você faça para me inquietar. O Senhor é minha luz e minha salvação, o que eu temerei? Quando um exército se colocar em batalha contra mim, meu coração não temerá. O Senhor é minha ajuda e meu Redentor! »

5. Combata como um soldado generoso e se alguma vez você sucumbir por fragilidade, retome uma coragem maior na esperança de ser apoiado por uma graça mais forte. Acima de tudo, afaste-se da vã complacência e do orgulho. É assim que muitos se perdem e caem em uma cegueira quase incurável. Que a queda desses soberbos que se presumem loucamente lhe seja uma lição contínua de vigilância e humildade.

7. Que se deve ocultar humildemente as graças que Deus nos faz

1. Ieschouah: Meu filho, quando a graça lhe inspira movimentos de piedade, é melhor e mais seguro ter essa graça oculta, não o mostrar, falar pouco e de não exagerar sua grandeza. É melhor viver humildemente em vez de temer um favor do qual é indigno. Não se deve se ligar muito a um sentimento que rapidamente pode mudar em um sentimento contrário. Quando a graça lhe é dada, pense em como você é pobre e miserável sem ela. O progresso na vida espiritual não consiste somente em usufruir as consolações da graça, mas suportar a privação com humildade, abnegação, paciência, para que não se relaxe no exercício da oração e não se abandone nenhuma de suas práticas habituais. Faça, ao contrário, o melhor que puder, de acordo com a sua iluminação e não se negligencie inteiramente por causa da aridez e da angústia que você sente em sua alma.

2. Pois existem muitos que, em tempos de dificuldades, caem rapidamente na impaciência e desencorajamento. No entanto, o caminho do homem não está sempre em seu poder. Os indiscretos são perdidos pela própria graça da devoção, porque quiseram fazer mais do que poderiam, não medindo sua fraqueza, mas sim seguindo a impetuosidade de seus corações do que o julgamento da razão. E porque aspiraram, em sua presunção, a um estado mais elevado do que o que Deus queria, rapidamente eles perderam a graça. Eles haviam colocado sua morada no céu e, de repente, eram vistos como pobres e abandonados em sua miséria. Os que ainda são novos e sem experiência nos caminhos de Deus podem facilmente se perder e quebrar nas rochas, se eles não se deixarem levar por pessoas prudentes.

3. Que se eles quiserem seguir seus sentimentos em vez de acreditar na experiência dos outros, o resultado lhes será fatal se perseverarem em seu próprio sentido. Raramente os que são sábios a seus olhos se deixam conduzir humildemente pelos outros. É preciso ser humilde, senão possuir os tesouros da ciência não servirá para nada. É melhor ter muito pouco do que muito do qual poderia se orgulhar. Falta-lhe prudência, aquele que se entrega inteiramente à alegria, esquecendo-se de sua indigência passada e daquele medo puro do Senhor que teme perder a graça recebida. Também é faltar com virtude se deixar ir a um desânimo

excessivo em tempos de adversidade e dificuldades e ter pensamentos e sentimentos indignos da confiança que me é devida.

4. Aquele que, durante a paz, tem demasiada segurança, é frequentemente durante a guerra mais tímido e covarde. Se nunca se presumir, você saberá permanecer sempre humilde, moderar e regrar os movimentos de sua mente, não cairá tão rápido no perigo e no pecado. É uma prática sábia pensar, durante o fervor, como será na privação da luz. E quando estiver de fato privado, pense que ela pode retornar e que foi removida por um tempo para excitar sua vigilância. Muitas vezes provas desse tipo são mais úteis do que se tudo acontecesse constantemente de acordo com seus desejos. Pois, a julgar pelo mérito, não se deve olhar se alguém tem muitas visões ou consolos, ou se ele é habilidoso na interpretação dos textos sagrados, ou se ocupa uma posição elevada, mas se é estabelecido em verdadeira humildade e cheio de caridade divina. É necessário olhar se ele procura em todos e sempre apenas o amor de seu próximo, se ele está convencido de seu caráter mortal, se ele tem uma visão correta de suas próprias fraquezas e se ele está mais satisfeito em trabalhar sinceramente pelo bem de todos do que trabalhar em sua própria glória terrena.

8. Que é preciso reconhecer sua natureza humana diante de Deus

1. O adepto: Eu me dirigirei a Ieschouah, ainda que eu seja apenas cinzas e pó. Se eu acreditar que seja algo mais, que te levantes contra mim e que minhas falhas prestem testemunho verdadeiro que eu não possa contradizer. Mas se eu praticar a verdadeira humildade, me despojar de qualquer estima por mim mesmo e que eu entre no pó de que eu fui formado, tua graça se aproximará de mim e tua luz estará perto do meu coração. Então, que qualquer sentimento de estima, mesmo o mais leve, que eu poderia conceber de mim desapareça para sempre no abismo da minha insignificância. Lá tu me mostras para mim mesmo, me fazes ver o que sou, o que fui, até onde eu desci, porque eu não sou nada e não sabia disso. Se me deixares por mim mesmo, o que sou eu? Nada além de um ser de carne. Mas assim que olhares para mim, instantaneamente me torno forte e preenchido por uma nova alegria. E certamente me confunde com espanto que de repente te levantas e me levas com tanta

gentileza em teus braços, eu sempre preso por meu próprio peso na terra.

2. É teu amor que opera essa maravilha, que me previne gratuitamente, que não deixa de me socorrer nas necessidades, que me preserva dos maiores perigos e, para dizer a verdade, me livra de inumeráveis males. Porque eu me perdi amando um amor desordenado. Mas te buscando, eu te encontrei e encontrei a mim mesmo. Ó Deus cheio de ternura! Fazes para mim muito mais do que mereço, ou mais do que eu ousaria esperar ou pedir.

3. Sejas louvado, de que todo indigno que sou de receber de ti alguma graça, todavia, tua bondade generosa e infinita nunca deixa de fazer o bem nem para os ingratos e para os mais afastados de ti. Traga-nos de volta para ti, para que possamos ser gratos, humildes, fervorosos, porque és nossa salvação, nossa virtude e nossa força.

9. Que é necessário reportar tudo ao bem soberano

1. Ieschouah: Meu filho, eu devo ser teu fim supremo e derradeiro, se você deseja verdadeiramente ser feliz. Essa visão irá purificar suas afecções, que são baixadas com muita frequência para você e para as criaturas. Porque se você procurar em qualquer coisa, rapidamente cairá na languidez e aridez. Considere cada bem como procedente do bem soberano e pense que a partir de então todos eles devem voltar para sua origem.

2. Em mim como em uma fonte inesgotável, o pequeno e o grande, o pobre e o rico atraem a água viva e os que me servem de bom grado e de coração receberão graça sobre graça. Mas aquele que buscar sua própria glória, ou um prazer exclusivamente terrestre, sua alegria não será verdadeira nem sólida.

3. Dissipe a vaidade de uma glória humana. Onde a graça celeste e a verdadeira caridade penetram, não há lugar para o amor próprio, nem para a inveja, que torturam o coração. Porque o amor divino subjuga tudo e aumenta todas as forças da alma.

10. Quão doce é servir a Deus e se elevar acima deste mundo

1. O adepto: Eu ainda te falarei, Senhor, e não ficarei quieto. Eu direi a meu Deus, meu Senhor e meu Rei, sentado nas alturas dos céus: « Oh! Que abundância de doçura reservastes para os que te amam ». As delícias que inundas aqueles que te amam são verdadeiramente inefáveis, quando sua alma te contempla. Tu m mostraste nisso principalmente toda a ternura de teu amor. Eu não fui e tu me revelaste a vida eterna. Eu me afastei de ti, e me trouxeste de volta para te servir e me levaste a te amar.

2. Ó fonte do amore eterno, o que direi de ti? Como poderia te esquecer, tu que te dignaste lembrar de mim quando, já exausto, consumido e inclinando-me para a morte? Tua misericórdia para com teu servidor ultrapassou qualquer esperança e espalhaste sobre ele tu garça e teu amor bem além de tudo que ele poderia merecer. O que te farei por tal favor? Pois não é dado a todos deixar tudo, desistir do profano para abraçar a vida religiosa. É fazer muito para te servir, tu que todas as criaturas devem servir? Isso me parece ser pouco. Mas o que me parece grande e maravilhoso, é que te dignes aceitar o serviço de uma criatura tão pobre e tão frágil e o admitir entre os servidores que tu amas.

3. Tudo que eu tenho, tudo que eu posso dedicar ao teu serviço é teu. E, no entanto, tomando por assim dizer meu lugar, tu me serves mais que eu mesmo te sirvo. E que o céu e a terra que criaste para o serviço do homem, estão diante de ti e todo dia seguem tua divina lei. Ainda é pouco. Tu preparaste para o homem o próprio ministério dos anjos.

4. O que farei por tantos bens? Se eu pudesse te servir dignamente por um só dia! É bem verdade que és digno de ser servido universalmente, dignos de todas as honras e de um louvor eterno. És verdadeiramente meu Senhor e eu sou teu humilde servidor, que deve te servir com todas as minhas forças e nunca deixar de te louvar. Assim o vejo, assim o desejo. Digna-te suprir tudo o que me falta.

5. É uma grande honra, uma grande glória te servir e desprezar tudo por tua causa. Porque receberão graças abundantes, aqueles que se curvam sob teu jugo muito sagrado. Serão regados com a consolação deliciosa do Espírito Santo, os que por teu amor rejeitaram os prazeres desordenados e vãos dos sentidos. Usufruirão de grande liberdade de

espírito, os que pela glória de teu nome tiverem entrado na via estreita e tiverem renunciado a todas as solicitudes do mundo.

6. Ó amável e doce servidão de Deus, na qual o homem encontra a verdadeira liberdade e santidade! Ó santíssima subjugação da vida religiosa que torna o homem agradável a Deus, igual aos anjos, terrível para os demônios, respeitável a todos os fiéis!

11. Que deve examinar e moderar os desejos do coração

1. Ieschouah: Meu filho, você deve aprender muitas coisas que você ainda não conhece.

2. O adepto: O que, Senhor?

3. Ieschouah: Você deve submeter seus desejos imoderados inteiramente, não ame a si mesmo e busque em tudo o mundo divino. Muitas vezes, seus desejos se inflamam e o levam embora impetuosamente, mas considere se esse ardor é aquele que o eleva ou abaixa. Se é o mundo espiritual o que você tem em vista, você será feliz. Mas se alguma ação secreta de seus impulsos se oculta no fundo de seu coração, isso é o que o abate e incomoda.

4. Tome então cuidado de não se apegar muito aos desejos do mundo em que não seguiu meus exemplos, para que não venha a se arrepender, ou que não tenha desgosto pelo que primeiro o agradou e que tenha pensado ser melhor. Porque todo movimento que parece bom não deve ser imediatamente seguido. Assim como não se deve ceder imediatamente às suas repugnâncias. Às vezes é apropriado moderar o zelo mais sagrado e os melhores desejos, para que eles não preocupem e distraiam sua mente, ou que, seguindo-os indiscriminadamente, você não causaria escândalo aos outros, ou finalmente que a oposição que encontrar não o coloque em apuros e em desânimo.

5. Devemos às vezes também usar a força e resistir à luxúria dos sentidos com grande potência, sem cuidar do que a carne quer ou do que não quer e trabalhar especialmente para submetê-la ao espírito apesar dela. Devemos castigá-la e escravizá-la até que, pronta para qualquer coisa, ela tenha aprendido a se contentar com pouco, a amar coisas simples e nunca se queixar de nada.

12. Que se deve praticar a paciência e lutar contra os impulsos imoderados

1. O adepto: Senhor, eu vejo como a paciência me é necessária, pois essa vida é cheia de contradições. Jamais pode estar isenta de dores e conflitos, o que quer que eu faça para ter a paz.

2. Ieschouah: Sim, meu filho, mas não acho que você busca tal paz que não tenha tentações a vencer, nem contrariedades a sofrer. Acredite, ao contrário, que você encontrou paz quando é exercitado por muitas tribulações e experimentado por provações. Se você diz que não pode suportar tanto sofrimento, como suportaria os maiores? De dois males, deve-se escolher o menor. Para então evitar um amanhã eterno incerto, tente suportar com paciência os males presentes. Você acha que os seres ao seu redor não têm nada ou pouco a sofrer? Isso é o que você não vai encontrar, mesmo naqueles que parecem cercados por mais delícias.

3. Mas eles têm, você diz, prazeres em abundância! Eles seguem todas as suas vontades e assim sentem pouco o peso de seus males. É possível, mas quanto isso vai durar? Os ricos profanos se esvanecerão como fumaça e não restará sequer uma lembrança de suas alegrias passadas. E mesmo durante sua vida, eles não descansam sem amargura, sem tédio e sem medo. Porque muitas vezes, esmo quando se prometeram alegria, encontram castigo e dor.

4. Oh! Que todos esses prazeres são curtos, que são falsos, criminosos, vergonhosos! E ainda, os infelizes, embriagados e cegos, não compreendem. Semelhantes a animais irracionais, eles expõem sua alma à morte por algumas alegrias miseráveis em uma vida que vai terminar. Você, não siga seus desejos e considere sua vontade. Coloque seu desejo e seu coração no Senhor e ele o concederá o que você pede.

5. Se você quiser provar uma verdadeira alegria e consolações mais abundantes, afaste-se das coisas do mundo, afaste os falsos prazeres terrestres e eu o abençoarei. Quanto mais você renunciar ao que é ilusório e passageiro, mais minhas bênçãos serão doces e poderosas. Mas você não as apreciará sem antes sentir alguma tristeza, sem ter trabalhado e combatido sem impulsos desordenados. Se um mau hábito o impede, oponha uma melhora. A carne se queixará, mas será contida

pelo fervor do espírito. As tentações o seduzirão, mas você as vencerá por uma vontade firme e oração fervorosa.

13. Que devemos nos libertar de nossa prisão de carne

1. Ieschouah: Meu filho, aquele que tenta fugir do exemplo do sábio se afasta da graça e aquele que quer possuir algo sozinho perde o que é para todos. Quando se submete voluntariamente e de bom coração à vida da alma, é um sinal de que a carne ainda não está plenamente ultrapassada, mas que frequentemente ela se queixa e se revolta. Aprenda então a fazer sua vontade libertá-lo de seu envelope de carne. Porque nos libertaremos logo dessa prisão quando não há guerra dentro de nós mesmos. O inimigo mais terrível e mais perigoso para sua alma, é você, quando você está dividido em si mesmo. É preciso que você aprenda a ver sinceramente o que você é se quiser triunfar sobre carne e sangue. O amor desordenado que você ainda tem por si mesmo, é o que o faz temer abandonar essa falsa aparência.

2. É, no entanto, tão grande esforço que você, pó e nada, vá até Deus? Poeira, aprenda a obedecer a humildade! Reconheça que você é somente pó e sem seu amor você não conseguirá se elevar ao céu. Aprenda a usar sua vontade.

3. Inflame o zelo contra suas faltas e não sofra menos o orgulho que vive em você. Filho do nada, o que tem a reclamar? Considere suas fraquezas e saberá o que deve mudar. Mas minha bondade o poupou porque sua alma era preciosa para mim. Eu não o abandonei para que você possa conhecer meu amor e minhas bênçãos nunca deixem de estar presentes em seu coração.

14. Deve-se considerar os julgamentos secretos de Deus para não nos orgulharmos do bem que se faz

1. O adepto: Teu olhar se volta para mim e todos os meus ossos tremem de terror. Minha alma está em um terror profundo. Amedrontado, acho que os céus não me são acessíveis. Se alguns anjos se rebelaram contra Deus, quem sou eu para reconhecer a verdade? As estrelas caíram do céu e eu, poeira, o que devo esperar? Os homens cujas obras parecem

louváveis caíram tão baixo quanto se possa cair e tenho visto aqueles que comem o pão dos anjos se deleitarem no pasto dos porcos.

2. Então não há santidade, Senhor, se retirares tua mão. Nenhuma sabedoria que seja útil, se não a dirigires. Nenhuma força que seja de ajuda, se parares de sustentá-la. Nenhuma vigilância que nos sirva, se tu mesmo não vigiares por nós. Deixados a nós mesmos, mergulhamos nas ondas da geração e perecemos. Vinde a nós e então vivemos. Porque somos instáveis, mas tu nos consolidas. Somos indiferentes e tu nos inflamas.

3. Eu tenho que constantemente reconhecer o que sou verdadeiramente e não me estimar quando sou apenas poucas coisas! Eu devo reconhecer minha fraqueza diante de teu exemplo. Eu me peço frequentemente como em um abismo e vejas que eu não sou nada senão nada e um puro nada! Ó mar sem margens, onde não encontro nada de mim, onde desapareço como o nada no meio de tudo! Onde então o orgulho se esconde? Toda a vaidade se extingue nas profundezas do divino.

4. Como alguém cujo coração é verdadeiramente submisso a Deus se enche de louvor vão? O mundo inteiro não pode inspirar com orgulho aquele a quem a verdade submeteu ao seu império, e nunca será movido pelo aplauso dos homens, aquele cuja toda esperança é confirmada em sabedoria. Porque os que falam em vão do mundo nada são. Eles desaparecerão com o ruído de suas palavras.

15. O que devemos ser e fazer quando há algum desejo em nós

1. Ieschouah: Meu filho, diga em todas as coisas: « Senhor, que assim seja, se essa é tua vontade. Senhor, que isso seja feito em teu nome, se deves ser honrado ». Se achas que isso me é bom, se julgares que isso me seja útil, então dá-me, para que eu use para tua glória. Mas se sabes que isso irá me prejudicar ou não servirá à salvação de minha alma, afasta de mim esse desejo. Pois nenhum desejo nos eleva, mesmo quando parece bom e justo ao homem. É difícil discernir com certeza se é o espírito bom ou mau que o leva a desejar isso ou aquilo, ou até mesmo sua mente. No final, verificou-se que muitos estavam na ilusão, que parecia, a princípio, ser impulsionada pelo bom espírito.

2. Assim, tudo o que se apresenta a seu espírito, você deve desejá-lo sempre e pedir com grande humildade de coração e sobretudo com resignação plena, abandonando-se a mim sem reserva e dizendo: « Senhor, tu sabes o que é melhor. Que tudo se faça conforme desejas. Dá o que quiseres, o quanto quiseres e quando quiseres. Faças de mim o que te agradar, de acordo com o que sabes ser bom e para tua maior glória. Coloca-me onde quiseres e absolutamente disponhas de mim em todas as coisas. Eu estou pronto a te servir em tudo. Porque eu não desejo viver para mim, mas por ti somente: feliz se eu pudesse, digna e perfeitamente ».

3. Oração para pedir a Deus a graça de realizar sua vontade: O adepto: « Ó Ieschouah, conceda-me tua graça. Que ela esteja em mim, que aja comigo e permaneça comigo até o fim. Faça-me desejar e sempre queira o que te é mais agradável e o que mais amas. Que tua vontade seja a minha e que minha vontade sempre siga a tua e nunca se afaste em nada. Que unido a ti, eu não queira e não possa querer nada além do que queiras e seja assim do que não queres.

4. Dá-me para morrer a tudo o que é do mundo e para amar ser esquecido e desprezado do profano por tua causa. Faça com que eu repouse em ti acima de tudo que se possa desejar e que meu coração só procure sua paz em ti. Tu és a verdadeira paz do coração, seu único repouso. Fora de ti tudo pesa e inquieta. Nessa paz, isto é, em ti somente, eterno e soberano bem, eu dormirei e descansarei! Que assim seja!

16. Que se deve procurar somente em Deus o verdadeiro consolo

1. O adepto: Tudo o que posso desejar ou imaginar para o meu consolo, não o espero aqui, mas no segredo da minha alma. Quando eu sozinho possuo todos os bens do mundo, quando eu sozinho desfruto de todas as suas delícias, é certo que tudo isso não duraria muito. Assim, minha alma, tu não podes encontrar aí o verdadeiro alívio. Espere um pouco, minha alma, e tu possuirás no céu todos os bens em abundância. Se procurares avidamente os bens presentes, perderás os bens eternos e celestes. Use uns e deseje os outros. Nenhum bem temporal pode te satisfazer porque não foste criada para apreciá-lo.

2. Quando possuíres todos os bens criados, eles não poderiam te fazer feliz, porque tua felicidade é a do reino do espírito. Não é a felicidade que os amigos insensatos do mundo amam, mas como os verdadeiros servos de Ieschouah o esperam, e como às vezes é provado antecipadamente por almas piedosas e corações puros, cuja manutenção está no céu. Toda consolação humana é vazia e dura pouco. A verdadeira, a doce consolação é a que a verdade faz sentir interiormente. O homem piedoso leva com ele para todos os lugares Ieschouah, seu consolador e lhe diz: « Senhor, estejas perto de mim todo o tempo e em todos os lugares ».

17. Que se deve reconhecer a verdadeira natureza de nossas dificuldades

1. Ieschouah: Meu filho, deixe-me agir com você. Seus pensamentos são os do homem e seus sentimentos estão, em muitas coisas, de acordo com as inclinações do seu coração.

2. O adepto: É verdade, Senhor; tu tomas muito mais cuidado de mim do que eu mesmo posso. Está ameaçado de queda imediata, aquele que esquece de confiar em ti. Contanto, Senhor, que minha vontade permaneça correta e minha alma afirme e se prepare para te encontrar. Ajuda-me a deixar as trevas e a me elevar em direção à luz divina que te envolve. Que minhas dificuldades sejam uma chance de reforçar minha vontade e descobrir quais são os reais valores.

3. Ieschouah: Meu filho, e assim que você deve ser, se não quiser se desviar do mundo divino. É preciso que você esteja preparado para as dificuldades tanto quanto para a alegria, para a privação e a pobreza tanto quanto para as riquezas e a abundância.

4. O adepto: Senhor, eu quero te render graças por tudo que me acontece porque assim eu poderei avançar para a sabedoria. Preserva-me e me ajudes nessa vida com sucesso. Assim eu não temerei desaparecer no último dia.

19. Sobre o sofrimento e a verdadeira humildade

1. Ieschouah: Pare de reclamar, considerando seu sofrimento. O que você sofre é pouco em comparação com o que tantos outros sofrem, que foram testados e exercidos por fortes tentações, por tribulações tão pesadas. Portanto, lembre a seu espírito as penas extremas dos outros, para suportar as mais leves. Que se elas não lhe parecerem leves, tome cuidado para que isso não venha da sua impaciência. Contudo, grandes ou pequenas, esforce-se para sofrer pacientemente.

2. Assim você mostrará mais sabedoria e ganhará mais força. A firme resolução e humildade fará com que você sofra menos. Não diga: Eu não posso suportar isso de um homem, são ofensas que não aguento. Ele me fez um mal muito grande e me reprova por coisas que nunca pensei; mas de outro eu iria sofrer com menos dificuldade, e como eu acho que eu deveria sofrer. Esse discurso é insensato; porque em vez de considerar a virtude da paciência e o que deve coroá-la, é olhar somente a injúria e a pessoa de quem a recebe.

3. Portanto, esteja pronto ao combate se quiser alcançar a vitória. Não se pode obter sem combate a coroa da paciência e recusar combater, se recusa a ser coroado. Se você deseja a coroa, combata corajosamente, sofra com paciência. Não se chega ao repouso sem trabalho, nem à vitória sem combate.

4. O adepto: Senhor, o que parece impossível à natureza se torna possível por tua graça. Como sabes, eu tenho pouca força para sofrer, e a menor adversidade geralmente recai sobre mim imediatamente.

20. Sobre a admissão de sua fraqueza e as dificuldades desta vida

1. O adepto: Eu reconheço minha fraqueza. Frequentemente um nada me abate e me lança na tristeza. Eu me proponho agir com força, mas à menor tentação que se segue, eu caio em grande angústia. Muitas vezes é a menor coisa e a mais desprezível que me causa uma tentação violenta. E quando eu não sinto nada em mim e que acredito um pouco seguro, me vejo às vezes abatido por um leve suspiro.

2. Vejas então, Senhor, minha fragilidade, pois tudo se manifesta a teus olhos. Tenhas piedade de mim e tira-me da lama, para que eu não fique ali para sempre. O que muitas vezes faz com que minha dor e minha confusão diante de ti, caiam tão facilmente e sejam tão fracas contra minhas paixões. Embora elas não me afastem com pleno consentimento, suas solicitações me cansam e me pesam e é um grande incômodo para eu viver assim sempre em guerra. Eu sei especialmente, nesta minha enfermidade, que as imaginações mais horríveis tomam minha mente muito mais facilmente do que saem dela.

3. Digna-te lançar um olhar sobre mim e estejas perto de mim para me ajudar em tudo o que faço. Preencha-me com uma força celestial para que meu corpo, que ainda não é inteiramente submisso ao espírito, não prevaleça e domine. Ai! O que é esta vida, cercada por todos os lados por tribulações e tristezas, cercada por armadilhas e inimigos! Alguém é liberto de uma aflição ou de uma tentação, outra lhe sucede e até luta contra a primeira, enquanto outras acontecem inesperadamente.

4. Como alguém pode amar uma vida cheia de amargura, sujeita a tantos males e calamidades? Como se pode mesmo chamar de vida o que gera tantas dores e tantos mortos? E ainda assim a amamos e muitos buscam sua felicidade. O mundo é frequentemente acusado de ser enganoso e vão e ainda assim é difícil partir porque ainda somos dominados pelos desejos da carne. Algumas coisas nos inclinam a amar o mundo, outras a desprezar. O desejo da carne, o desejo dos olhos e o orgulho da vida inspiram o amor do mundo. Mas as dores e misérias que os seguem produzem ódio e desgosto pelo mundo.

5. Mas, infelizmente, o prazer maligno triunfa sobre a alma entregue ao mundo. Ela se apoia com prazer na escravidão dos sentidos porque ela não conhece e não provou as suavidades celestes nem o encanto interior da virtude. Mas os que desprezando o mundo, perfeitamente, se esforçam para viver para Deus sob uma disciplina sagrada, não ignoram as doçuras divinas prometidas à verdadeira renúncia e veem com clareza como o mundo, abusado por diversas ilusões se perde perigosamente.

21. Que é necessário estabelecer o repouso em Deus em vez de nas coisas perecíveis

1. O adepto: Em tudo e acima de tudo, descansa em Deus, ó minha alma, porque ele é o repouso eterno dos sábios. Amável e doce Ieschouah, dá-me repouso em ti mais do que em todas as criaturas; mais do que a saúde, a beleza, as honras e a glória; m mais do que em todo poder e dignidade; mais do que na ciência, na mente, nas riquezas, nas artes; mais do que nos prazeres e na alegria, na fama e no louvor, nas consolações e nas doçuras, na esperança e nas promessas; mais do que em todo mérito e em todo desejo; ainda mais do que em teus dons e todas as recompensas que podes nos dar; mais do que na alegria e no transporte que a alma pode conceber e sentir ; finalmente mais do que nos anjos e nos arcanjos em todo o exército do céu; mais do que em todas as coisas divisíveis e invisíveis, mais do que em tudo o que não é tu, meu Deus!

2. Porque és infinitamente bom, altíssimo, muito poderoso; possuis e dás tudo, tu nos consolas com tuas doçuras inexprimíveis; és toda beleza, todo amor; tua glória se eleva acima de toda glória e tua grandeza acima de toda grandeza. A perfeição de todos os bens juntos está em ti, Senhor meu Deus, que sempre foi e sempre será. Assim tudo o que me dás de ti, tudo o que me descobres de ti mesmo, tudo o que me prometes é muito pouco e não me basta, se eu não te vejo, se não te possuo plenamente. Porque meu coração não pode ter verdadeiro repouso nem ser inteiramente saciado até que, se elevando acima de todos os teus dons e de toda criatura, ele repousar em teu reino.

3. Apoio de minha alma, ó Ieschouah, Rei de todas as criaturas, quem me livrará dos meus laços, quem me dará asas para me elevar à tua presença? Oh! Quando serei suficientemente liberto da terra para estar diante de ti e partilhar a tua paz? Agora, só sei lamentar e contemplar meus limites. Porque nesse vale de lágrimas, existem muitos males que me perturbam, me afligem e cobrem minha alma como uma nuvem. Muitas vezes me fatigam, me retardam, me agarram, me detêm, e triando de mim um livre acesso perto de ti, me privam daqueles deliciosos abraços que os espíritos celestes sempre desfrutam sem nenhum obstáculo. Sejas tocado pelos meus suspiros e minha desolação na terra!

4. Ó Ieschouah, esplendor da glória eterna, consolador da alma exilada, minha boca está muda diante de ti e meu silêncio te fala. Quanto tempo deverei esperar para me elevar até ti? Vem, vem, porque sem ti, todos os dias, todas as horas passam em tristeza, porque tu és minha alegria e podes preencher o vazio de meu coração. Eu estou oprimido de miséria e como um prisioneiro carregado de ferros, até que, me reanimando pela luz de tua presença, me libertas e lanças sobre mim um olhar de compaixão.

5. Que os outros procurem, em vez de ti, tudo o que quiserem. Por mim, nada me agrada nem jamais me agradará do eu trabalhar pela elevação de minha alma. Essa é minha esperança e minha salvação eterna! Eu não vou ficar em silêncio, eu não vou parar de orar até que esse estado se torne realidade e tu fales comigo interiormente.

6. Ieschouah: Aqui estou eu, venho a você porque me invocou. Suas lágrimas e o desejo de sua alma, seu coração partido me curvou e voltei para você.

7. O adepto: Foste tu que em primeiro lugar me encorajaste a te procurar. Sejas então abençoado, Senhor, de ter essa bondade para comigo segundo tua infinita misericórdia. O que posso ainda dizer e o que me resta fazer a não ser me inclinar profundamente em tua presença, cheio da memória de meu nada? Porque não há nada semelhante a ti em tudo o que o céu e a terra encerram de mais maravilhoso. Tuas obras são perfeitas, teus julgamentos verdadeiros e o universo é regido por tua providência. Louvor e Glória a ti, ó sabedoria do Pai! Que minha alma, que minha boca, que todas as criaturas te louvem e abençoem para sempre.

22. Sobre a lembrança dos benefícios de Deus

1. O adepto: Senhor! Abra meu coração e ensina-me a caminhar na via sagrada do retorno até teu reino. Faze com que eu conheça tua vontade e que eu coloque em minha memória, com grande respeito e sincera atenção, todos os teus benefícios, para render-te ações dignas de ação de graças. Entretanto, eu sei e confesso que eu não posso reconhecer com dignidade nenhum dos teus favores. Estou abaixo de todos os bens

que me concedeste e quando considero tua infinita elevação, meu espírito se precipita em tua grandeza.

2. Tudo o que nós temos em nós, em nosso corpo, em nossa alma, tudo o que possuímos interna ou externamente, na ordem da graça ou da natureza, foste tu que nos deste. Teus benefícios nos lembram sem cessar tua bondade, tua ternura, a imensa liberalidade que usas para nós, tu de quem todos os bens procedem. Porque tudo vem de ti, embora um receba mais, outro menos e sem ti seríamos para sempre privados de qualquer bem. Aquele que recebeu mais não pode se glorificar de seu mérito, nem se elevar acima dos outros, nem insultar o que recebeu menos porque é o melhor e o maior, a quem se atribui menos e que rende graças com mais fervor e humildade. E quem acredita que é o mais vil e o mais indigno de todos é o mais apto a receber grandes dons.

3. Quem recebeu menos não deve se afligir, mas em vez disso louvar com toda sua alma tua bondade, sempre pronta a espalhar teus dons tão abundantemente, tão gratuitamente, sem aceitação de pessoas. Tu sabes o que é conveniente dar a cada um, porque o que um recebe mais, e outro menos e não é a nós que pertence esse discernimento, mas a ti que pesas todos os méritos.

4. É por isso que, Senhor meu Deus, eu vejo como uma graça singular que tu me concedeste dons que parecem exteriores e que atraem o louvor e a admiração dos homens.

5. Nada deve causar tanta alegria ao que te ama e que conhece o prêmio de teus benefícios, que é o cumprimento de tua vontade e teus propósitos eternos sobre ele. Ele deve encontrar aí um contentamento, um consolo de tal forma que de bom grado concorda em ser humilde, tranquilo e satisfeito com o que ele é. Porque tua vontade e o zelo de tua glória devem estar para ele acima de tudo e agradá-lo e consolá-lo mais do que todos os presentes que fizeste para ele e que ainda podes lhe fazer.

23. Quatro coisas importantes para manter a paz

1. Ieschouah: Meu filho e o ensinarei agora o caminho da paz e da verdadeira liberdade.

2. O adepto: Faze, Senhor o que dizes, porque é doce te ouvir.

3. Ieschouah: Dedique-se, meu filho, a fazer seguir a voz de sua consciência elevando-se ao divino. Aprenda a se contentar com o que lhe é necessário. Pratique sempre a verdadeira humildade. Sempre deseje e ore para que a vontade divina se realize perfeitamente em você. Quem age assim está no caminho da paz e do repouso.

4. O adepto: Senhor, esses curtos preceitos encerram uma grande perfeição. Eles contêm poucas palavras, mas são cheios de sentido e abundantes em frutos. Se eu os observar fielmente, não cairei tão facilmente na desordem. Porque todas as vezes que cheguei a perder a calma e a paz, reconheço que me afastei dessas máximas. Mas tu que tudo podes e que sempre desejas o progresso das almas, aumenta em mim tua graça, para que obedecendo a teus comandos, eu possa realizar minha salvação.

5. Oração para superar fraquezas. Senhor meu Deus, não te afastes de mim. Meu Deus, apressa-te para me apoiar, pois uma série de pensamentos diversos me assaltou e grandes medos agitam minha alma. Como vou passar por tantas provações sem me machucar? Como vou derrubá-las?

6. Senhor, que todos os maus pensamentos fujam diante de ti. Minha única esperança, minha única consolação nos males que me pressionam é receber tua assistência, de te invocar do fundo de meu coração, de esperar com paciência teu socorro, enquanto eu ajo com coragem.

7. Oração para pedir a Deus a luz. Ilumina-me interiormente, ó Ieschouah! Brilha tua luz em meu coração e afasta as trevas. Para meu espírito que se desgarra e quebra a violência das tentações que me impelem. Mobilize para mim o teu braço e submeta essas feras furiosas, essas luxúrias consumistas, para que eu possa encontrar paz em tuas forças e que teus louvores continuamente ressoem em teu santuário, em uma consciência pura. Comande os ventos e as tempestades. Diga ao mar: Diga ao mar: Acalme-se; ao vento do norte: Não sopre e se fará grande calma.

8. Envia tua luz e tua verdade para que brilhem sobre a terra. Porque eu sou feito apenas de carne e o mundo no qual eu vivo está em trevas até que me ilumines. Espalhe tua graça do alto, derrama sobre meu coração o orvalho celeste e derrama sobre essa terra árida as águas fecundas da

piedade, para que ela produza frutos bons e saudáveis. Levanta a minha alma, que se curva sob o peso dos seus pecados, e leva todos os meus desejos para o céu, de modo que, tendo encharcado os meus lábios na fonte das boas coisas eternas, não posso mais sem desgosto pensar nas coisas da terra.

9. Toma-me, separa-me de todos os prazeres ilusórios, porque nenhum objeto desse mundo pode satisfazer nem satisfazer plenamente meu coração. Eleva-me para tua morada, pois assim eu poderei deixar esse mundo de sofrimentos.

24. Não pergunte curiosamente sobre o comportamento dos outros

1. Ieschouah: Meu filho, reprime a curiosidade e não se incomode com pedidos vãos. O que lhe importa isso ou aquilo? O que lhe importa o que este é, como fala ou como age? Você não precisa responder pelos outros, mas responderá por si mesmo. Com o que se inquieta? Eu conheço todos os homens. Eu vejo tudo o que acontece sob o sol. Eu sei o que está em cada um, o que pensa, o que quer e para onde tende sua visão. É, portanto, de mim que nada pode se esconder. Por você, permaneça em paz e deixe os que se agitam, se agitarem tanto quanto quiserem. Tudo o que eles farão, tudo o que dirão virá sobre eles, porque eles não podem me enganar.

2. Não persiga essa sombra chamada grande nome. Não deseje nem muitos vínculos nem a amizade particular de nenhum homem. Porque tudo isso dissipa a mente e obscurece estranhamente o coração. Eu gostaria de fazê-lo ouvir minha palavra e revelar a você meus segredos se você fosse, quando eu viesse a você, sempre atento e pronto para abrir a porta do seu coração. Pense no amanhã, vigie, ore sem cessar e seja humilde em todas as coisas.

25. Em que consiste a verdadeira paz e o verdadeiro progresso da alma

1. Ieschouah: Meu filho, eu disse: « Eu o deixo a paz, eu lhe dou minha paz, não como o mundo a dá ». Todos desejam a paz, mas nem todos estão procurando o que dá a verdadeira paz. Minha paz está com os que são doces e humildes de coração. Sua paz estará em uma grande paciência. Se me escutar e obedecer à minha palavra, você irá desfrutar de uma paz profunda.

2. O adepto: Senhor, que farei eu então?

3. Ieschouah: Em todas as coisas, vigie o que faz e o que diz. Não tenha outra intenção a não ser praticar a caridade e servir a Deus com humildade. Não deseje nada de outro. Não julgue temerariamente as palavras ou ações dos outros. Não interfira no que não lhe diz respeito, então você será pouco ou nada incomodado. Mas nunca sentir nenhum problema, não sentir dor no coração, nenhum sofrimento do corpo, não é da vida presente. Esse é o estado do repouso eterno. Não pense, então, que você encontrou a verdadeira paz, quando não há aborrecimento para, nem que tudo esteja bem, quando não afasta a oposição de ninguém, nem que sua felicidade seja perfeita, quando tudo sucede de acordo com seus desejos. Seja cuidadoso também em conceber uma alta ideia de si mesmo e imaginar que Deus particularmente o estima, se você sentir o seu coração cheio de piedade suave e gentil. Não é nisso que se reconhece quem ama verdadeiramente a virtude, nem é nisso que consiste o progresso do homem e sua perfeição.

4. O adepto: Em que então, Senhor?

5. Ieschouah: Em compreender a razão de sua vinda a esse mundo, em realizar sua missão nessa vida para a felicidade dos seres e seu crescimento espiritual no respeito do Deus do amor. Não se apegue às coisas perecíveis desse mundo. Ainda é preciso que você seja firme, tão constante na prática das virtudes, que mesmo privado interiormente de qualquer consolo, continue a agir sem descanso. Então você caminhará na via reta, no verdadeiro caminho da paz e poderá com segurança se juntar com glória as moradas celestes. Se você conseguir se separar dessa prisão corporal, desfrutará de uma paz tão profunda quanto possível nesta vida de exílio.

26. Sobre a liberdade do coração, que é adquirida através da oração e não da leitura

1. O adepto: Senhor, é uma alta perfeição nunca afastar das coisas do céu os olhares de seu coração, de passar no meio do mundo sem se prender a ele, pelo privilégio de uma alma livre, que nenhuma afeição desajustada a prenda ao corpo.

2. Eu te conjuro, ó Deus de bondade! Livra-me das fraquezas dessa vida, para que não atrasem meu caminhar; das necessidades do corpo, para que a volúpia não me aprisione; de tudo isso que interrompe e perturba a alma, para que a aflição não me quebre nem me abata. Eu não falo das coisas que a vaidade humana busca om tanto ardor, mas dessas misérias que atormentam e sobrecarregam nossa alma e nos impedem de desfrutar tanto quanto gostaríamos de liberdade do espírito.

3. Ó meu Deus! Ajuda-me a vencer a carne e o sangue, enganados pelo mundo e a glória que passa para que eu não seja enganado pelas paixões. Dá-me a força para resistir, a coragem para suportar o sofrimento, a constância para perseverar. Dá-me em vez de todas as consolações do mundo, a deliciosa unção de teu espírito e que assim eu possa me elevar ao divino.

4. Faça com que eu use os prazeres do mundo com moderação e que eu não os procure com muito desejo. Rejeitar todos, não me é permitido, porque se deve apoiar a natureza. Mas que eu possa evitar o que só serve para lisonjear os sentidos. Que tua mão, Senhor, me conduza entre esses dois extremos, para que instruído por ti eu me preserve de todo excesso.

27. Que o amor-próprio é o maior obstáculo que impede o homem de alcançar o bem soberano

1. Ieschouah: É preciso, meu filho, que você se doe inteiramente para possuir tudo e que nada em você seja seu. Saiba que o amor de si mesmo o prejudica mais do que tudo no mundo. Nós temos a cada coisa, mais ou menos, de acordo com a natureza da afeição, o amor que temos por ela. Se seu amor é puro, simples e bem ajustado, você não será escravo de nada. Não deseje o que não lhe é permitido ter. Renuncie ao que ocupa muito sua alma e a prova de sua liberdade.

2. Por que você se consome com uma tristeza inútil? Por que se cansa com cuidados supérfluos? Seja guiado por sua alma, por meu exemplo e nada poderá lhe prejudicar. Se você procura isto ou aquilo, se você quer estar aqui e ali, sem nenhum outro objetivo além de satisfazê-lo ou viver mais de acordo com sua vontade, você nunca descansará e nunca estará em paz, porque em tudo vai encontrar algo que o machuca e em todos os lugares alguém que o contrarie.

3. Para que serve, então, possuir e acumular muitas coisas fora? O que importa é não se apegar e arrancá-las de seu coração. Não se trata unicamente do dinheiro e riquezas, mas ainda a busca das honras e do desejo de louvores vãos, todas as coisas passam com o mundo. Nenhum lugar é um refúgio seguro se não tivermos o espírito de fervor e essa paz que buscamos não durará muito tempo sem prendê-lo à sua alma. Você mudará e não será melhor. Porque impulsionado pela oportunidade que vai nascer, você vai encontrar do que você fugiu e ainda pior.

4. Oração para obter a pureza do coração e a sabedoria celeste.

O adepto: Sustenta-me, Senhor, pela graça do Espírito Santo. Fortifica-me interiormente por tua virtude, para que eu afaste de meu coração as vãs preocupações que o atormentam-me e que eu não seja levado pelo desejo de alguma coisa preciosa ou desprezível, mas em vez disso que apreciando todas as coisas como elas são, eu veja que elas passam e que eu passarei com elas: Porque não há nada estável sob o sol; e tudo é vaidade e aflição de espírito. Ó! Como é sábio aquele que pensa assim!

5. Dá-me, Senhor, a sabedoria celeste, para que eu aprenda a te buscar, a te encontrar, a te amar acima de tudo e a tomar todo o resto apenas pelo que é, de acordo com a ordem de tua sabedoria. Dá-me a prudência para me afastar dos que me bajulam e a paciência para suportar os que se levantam contra mim. Pois é uma grande sabedoria não ser agitado por todo vento de palavras e não escutar os pérfidos discursos dos bajuladores. É assim que se avança com segurança no caminho que se entrou.

28. Que se deve desprezar os julgamentos humanos

1. Ieschouah: Meu filho, não se ofenda se algumas pessoas pensam mal de você e dizem coisas que são dolorosas para ouvir. Você deve se ver

tal como é. Se você estiver retirado em si mesmo, o que importarão as palavras que se dissipam no ar? Não é uma prudência medíocre saber se calar em momentos ruins e olhar para si interiormente sem se perturbar com os julgamentos humanos.

2. Que sua paz não dependa dos discursos dos homens porque, quer eles julguem bem ou mal, você não permanecerá menos do que é. Onde está a verdadeira paz e a glória verdadeira? Não está na vida do espírito e no devir da alma? Aquele que não deseja agradar aos homens e não teme desagradá-los desfrutará de uma grande paz. Do amor desregrado e dos medos inúteis nascem a inquietude do coração e a dissipação dos sentidos.

29. Como se deve invocar e abençoar Deus na aflição

1. O adepto: Que seu nome seja abençoado para sempre, Senhor, enquanto estou com dor e provação. Senhor, aqui estou eu na tribulação. Meu coração doente é atormentado pela paixão que o pressiona. E agora o que direi? Ó Pai cheio de ternura! As angústias me cercaram. Livra-me nessa hora. Mas essa hora chegou e eu saberei ultrapassá-la com tua assistência. Digna-te, Senhor, me socorrer, porque pobre criatura que sou, o que posso fazer e onde eu iria sem o teu apoio? Senhor, dá-me a paciência mais esta vez. Apoie-me, meu Deus, e não temerei, por mais pesado que seja essa prova.

2. E agora o que ainda direi? É preciso que eu suporte o que vivo com paciência, até que a tempestade passe e a calma retorne. Que eu não me abandone ao desespero e mantenha essa confiança em um amanhã melhor.

31. Que se deve esquecer todas as criaturas para encontrar o Criador

1. O adepto: Senhor, eu preciso de uma graça maior, se eu tiver que alcançar esse estado separado do mundo. Porque, enquanto algo me interromper, não posso subir livremente para ti. Qual o repouso mais profundo do que o repouso do homem que tem em vista em primeiro lugar o mundo celeste? Quem é mais livre do que aquele que não está

sujeito aos ditames dos desejos terrenos? Devemos nos elevar acima de todas as criaturas, separar-se de si mesmo, sair de sua mente, subir mais alto e aí reconhecer a natureza de Deus. Enquanto ainda nos apegamos a alguma criatura, não podemos lidar livremente com as coisas de Deus. E é por isso que há poucos contemplativos, porque poucos sabem se separar completamente das criaturas e das coisas perecíveis.

2. É preciso para isso uma graça poderosa que eleva a alma e a arrebata sobre si mesma. E enquanto o homem não for tão elevado em espírito, separado de todas as criaturas e perfeitamente unido a Deus mesmo por alguns momentos, tudo o que ele sabe e tudo o que ele tem é um dom muito pequeno. Será durante muito tempo fraco e inclinado à terra, aquele que estima alguma coisa externa ao único, imenso, eterno bem. Tudo o que não é útil aos outros e não nos ajuda a nos elevar ao divino não é nada e não deve ser levado em conta por nada. Existe uma grande diferença entre um sábio e um erudito. É preciso que a ciência se una à sabedoria e à humildade para ser digna de nossa natureza.

3. Muitos desejam elevar-se à contemplação, mas o que é necessário para isso, eles não querem fazer. O grande obstáculo é que paramos no que é exterior e sensível e que nos importamos pouco com a nossa alma. Eu não sei o que é, nem qual espírito nos conduz, nem o que pretendemos, nós, que somos considerados homens totalmente espirituais, buscar com tanto trabalho e preocupação as coisas vis e fugazes, quando tão raramente nos recolhemos para pensar sem distração em nosso estado interior.

4. Ai! Assim que nos voltamos para nós mesmos, nos apressamos a sair, sem nunca examinarmos seriamente nossos trabalhos. Nós não consideramos até que ponto nossas afeições descem, e não nos lamuriamos porque tudo em nós é impuro. Quando nossas afeições interiores são corrompidas, elas necessariamente corrompem nossas ações e assim desvelam toda a fraqueza de nossa alma. Os frutos de uma boa vida só crescem em um coração puro.

5. Alguém pergunta de um homem: o que ele fez? Nas se ele o fez por virtude, é a quem nós menos olhamos. Quer-se saber se ele tem coragem, riqueza, beleza, ciência, se escreve ou canta bem, se é hábil em sua profissão; mas dificilmente se pergunta se ele é humilde, gentil, paciente, piedoso, interior. A natureza considera apenas o exterior do homem, ao passo que devemos considerar quem ele é.

32. Sobre a abnegação de si mesmo

1. Ieschouah: Meu filho, você não pode desfrutar de uma perfeita liberdade se não descobrir a humildade e a abnegação. Vivem em servidão todos os que ama a si mesmos. Nós os vemos gananciosos, curiosos, ansiosos, sempre buscando o que lisonjeia seus sentidos, banqueteando-se com ilusões e formando mil projetos que se dissipam. Porque tudo o que não vem do espírito e da alma perecerá. Guarde bem essa curta e profunda palavra: « Abandone tudo e tudo encontrará ». Renuncie a seus desejos desregrados e usufruirá o repouso. Medite sobre esse preceito e quando o tiver realizado, você saberá tudo.

2. O adepto: Senhor, isso não é obra de um dia, nem um jogo infantil. Essa curta máxima encerra toda a perfeição religiosa.

3. Ieschouah: Meu filho, você não deve desanimar ou perder a coragem quando lhe é mostrada a voz dos perfeitos, mas antes se esforçar para alcançar este estado sublime, ou pelo menos aspirá-lo com todos os seus desejos. Ah! Se fosse assim com você! Se você tivesse chegado ao ponto de não mais amar a si mesmo, submetido sem reservas ao amor do divino, então eu pararia meus olhos sobre você com complacência e todos os seus dias passariam em paz e alegria. Você ainda tem muitas coisas para deixar e a menos que você desista completamente, não vai conseguir o que você pede. Ouça meus conselhos e, para adquirir as verdadeiras riquezas, obtenha de mim o ouro refinado pelo fogo, isto é, a sabedoria celeste que pisa sobre todas as coisas desse mundo.

4. Nós a vemos como pequena e vil, e nos esquecemos quase inteiramente desta sabedoria do céu, a única verdade, que não surge em si mesma e que não procura ser admirada na terra. Muitos dão seus louvores pelas suas bocas: mas eles estão se afastando dela por suas vidas. Entretanto, é essa pérola preciosa que está oculta da maioria.

33. Sobre a inconstância do coração e que devemos dirigir nossos olhares para Ieschouah

1. Meu filho, não se apoie no que sente em si mesmo. Agora você está afetado de certa maneira, e será de outra depois de um momento. Enquanto viver, você estará sujeito a mudanças, mesmo apesar de você;

alternadamente triste e alegre, tranquilo e ansioso, fervoroso e sem entusiasmo; às vezes ativo, às vezes preguiçoso, às vezes sério, às vezes leve. Mas o homem sábio e instruído nos caminhos espirituais se eleva acima dessas vicissitudes. Ele não considera o que experimenta em si, nem para qual lado se inclina o vento da inconstância; mas ele coloca toda sua atenção no fim abençoado ao qual ele deve tender. É assim que no meio de tantos movimentos diversos, fixando em mim seus olhares, ele permanece inabalável.

2. Quanto mais o olho da alma é puro e sua intenção correta, menos é agitado pelas tempestades. Mas esse olho escurece em muitos, porque se volta a todo objeto agradável que se apresenta. Porque é raro encontrar alguém completamente livre da busca vergonhosa por si mesmo. É preciso então purificar a intenção para que, simples e correta, ela se dirija a mim, sem parar nos objetos inferiores.

34. Que Deus dissipa nossas travas quando colocamos nossa confiança nele

1. O adepto: Aqui está meu Deus e meu tudo! O que mais poderei querer? Que felicidade maior posso desejar? Ó palavra adorável! mas para quem ama Ieschouah e não o mundo não desregrado é a felicidade e a paz. Tu presente, tudo é delicioso. Em tua ausência, todos devem amar. Tu dás repouso ao coração e uma paz profunda e uma alegria indizível. Tu fazes com que, contentes de tudo, sejas abençoado com tudo. Pelo contrário, nada sem ti pode agradar por muito tempo e nada tem atração ou doçura sem a impressão de tua graça e a unção de tua sabedoria.

2. O que não provará aquele que o saboreia, e o que será agradável àquele que não o provará? Os sábios do mundo, que não tem gosto a não ser pelas delícias da carne, se dissipam em sua sabedoria, porque só encontram nisso um vazio imenso, essa morte. Mas os que, por te seguir, se afastam do mundo e da carne, se mostram verdadeiramente sábios, porque deixam a mentira pela verdade e a carne pelo espírito. Os que sabem apreciar Deus e tudo o que encontram de bom nas criaturas, a atribuem ao louvor do Criador. Nada, no entanto, se assemelha menos

que a apreciação do Criador e a da criatura, do tempo e da eternidade, da luz não criada e da que é apenas um fraco reflexo.

3. Ó luz eterna! Infinitamente elevada acima de toda luz criada, que um de teus raios, assim como o relâmpago, parte do alto e penetra até o fundo mais íntimo de meu coração. Purifica, dilata, ilumina e vivifique minha alma e todas as suas potências, para que ela se una a ti nos transportes de alegria. Ó! Quando essa hora feliz chegará, essa hora desejável em que me preencherás com tua presença, em que serás tudo em todas as coisas? Até lá não terei alegria perfeita. Ai! o velho homem ainda vive em mim. Não morreu inteiramente. Suas luxúrias ainda lutam fortemente contra o espírito. Excita em mim guerras internas e não sofre que a alma reine em paz.

4. Mas tu que comandas o mar e que acalma o movimento das ondas, levanta-te, me ajuda. Dissipas as nações que querem a guerra e quebra-as em teu poder. Imploro-te, rompa tuas maravilhas e sinaliza a força de teu braço, pois não tenho outra esperança ou refúgio do que tu, meu Deus!

35. Que se está sempre, durante essa vida, exposto às dificuldades

1. Ieschouah: Meu filho, você nunca terá segurança nessa vida, mas enquanto viver, as armas espirituais sempre serão necessárias. Você estará envolto por inimigos. Eles o atacarão pela direita e pela esquerda.
Se você não se cobrir de todos os lados com o escudo da paciência, não ficará muito tempo sem ferimentos.

Se além disso o seu coração não se estabelecer irrevogavelmente em mim, com uma vontade firme, você nunca suportará a violência dessa luta e não obterá a palma dos abençoados. a mão abençoada. Então você tem que passar por todos os obstáculos e levantar um braço todo-poderoso contra tudo o que estiver contra você. Porque « o maná é dado aos vitoriosos » e uma grande miséria é a partilha do covarde.

2. Se procura repouso nessa vida, como chegará ao repouso eterno? Não se prepare para muito descanso, mas para muita paciência.

Busque a verdadeira paz, não na terra, mas no céu; não nos homens nem em nenhuma criatura, mas somente em Deus. Você deve suportar tudo com alegria para o amor de Deus: os trabalhos, as dores, as tentações, as perseguições, as angústias, os desejos, as enfermidades, as injúrias, as calúnias, as censuras, as humilhações, as afrontas, as correções, o desprezo. Esse é o exercício da virtude, que testa o novo soldado de Ieschouah, o que forma a coroa celeste. Por um trabalho curto, eu darei uma recompensa eterna e uma glória infinita por uma humilhação passageira.

3. Você acha que sempre terá, de acordo com o seu desejo, as consolações espirituais? Meus adeptos não têm desfrutado disso constantemente, mas tiveram muitas tristezas, tentações, grandes desolações.

E confiando mais em Deus do que em si mesmos, eles se apoiaram pela paciência no meio de todas essas provações, sabendo que os sofrimentos do tempo não têm proporção com a glória futura que deve ser o prêmio. Você quer ter desde o primeiro momento o que tantos outros mal conseguiram depois de muitas lágrimas e imensas obras? Espere pelo Senhor, lute com coragem, seja firme, não tenha medo, não recue, mas generosamente exponha sua vida para a glória de Deus.

Eu o recompensarei plenamente e estarei com você em todas as suas tribulações.

36. Contra os vãos julgamentos dos homens

1. Ieschouah: Meu filho, busque apenas em Deus o repouso de seu coração e não tema os julgamentos dos homens quando sua consciência é testemunho de sua inocência e sua piedade. É bom e se está feliz em suportar isso e não será doloroso para o coração humilde que confia em Deus mais do que em si mesmo. Nós falamos tanto que devemos adicionar pouca fé ao que é dito. Como, de outro modo, contentar a todos?

2. O que você tem a temer de um homem mortal? Hoje ele é e amanhã terá desaparecido. Tema a Deus e não temerá os homens. O que pode contra você um homem por palavras ou insultos? Ele é prejudicado mais do que você, e quem quer que seja, não evitará o julgamento de Deus.

Tenha Deus sempre presente e deixe as disputas e os lamentos. Que se você parece sucumbir agora e sofrer uma confusão que não merece, não se queixe e não diminua sua coroa pela sua impaciência. Em vez disso, eleve seus olhares para o céu, para mim que sou bem poderoso para o livrar da infâmia e da injúria e para conduzir a cada um de acordo com suas obras.

37. Que se deve renunciar a si mesmo para obter a liberdade do coração

1. Ieschouah: Meu filho, abandone-se e me encontrará. Não tenha nada para si, mesmo sua vontade, você a ganhará constantemente. Porque receberá uma graça mais abundante assim que renunciar a si mesmo.

2. O adepto: Senhor, como devo renunciar e quantas vezes?

3. Ieschouah: Sempre e a toda hora, nas menores coisas assim como nas maiores. Você deve se despojar sem reservas. Você deve ser livre, interna e externamente, com toda vontade própria. Quanto mais você se apressar para realizar essa renúncia, mais paz você terá.

4. Existem os que renunciam a si mesmos, mas com alguma reserva e porque não colocam plena confiança em Deus, eles ainda querem cuidar do que os afeta. Alguns oferecem primeiro; mas, a tentação ocorrendo, eles tomam de volta o que tinham dado e é por isso que quase não fazem progresso na virtude. Nem uns nem os outros jamais chegarão à verdadeira liberdade de um coração puro, nunca serão admitidos à minha doce familiaridade até depois de um total abandono de si mesmos, sem o qual não se pode nem desfrutar de mim nem se unir a mim.

5. Eu já lhe disse muitas vezes e digo novamente: Abandone-se, renuncie a si mesmo e usufruirá de grande paz interior. Dê tudo para encontrar tudo; não procure, não peça nada, permaneça fortemente ligado a mim somente e me possuirá. Seu coração será livre e libertado da escuridão que o obscurece. Que seus esforços, suas orações, seus desejos só tenham um objetivo: de ser despojado de qualquer interesse próprio, de seguir nu Ieschouah nu, de morrer a si mesmo, para viver para mim eternamente. Então todos os pensamentos vãos desaparecerão, as

inquietudes dolorosas, os desejos supérfluos. Assim também o medo se afastará de você e o amor desordenado morrerá.

38. Como se deve conduzir nas coisas exteriores e recorrer a Deus nos perigos

1. Ieschouah: Meu filho, em todos os lugares, em tudo o que você faz, em tudo que o ocupe externamente, você deve se esforçar para permanecer livre interiormente e mestre de si mesmo, de modo que tudo esteja sujeito a você e você não esteja sujeito a nada. Tenha um domínio absoluto sobre suas ações. Seja o mestre e não o escravo. Entre na liberdade dos filhos de Deus que, elevados acima das coisas atuais, contemplam as da eternidade; que dificilmente olham para o que está acontecendo e nunca separam seus olhos do que vai durar para sempre; que, superiores aos bens temporais, não cedem a sua atração mas em vez disso os forçam a servir o bem, de acordo com a ordem estabelecida por Deus, o supremo regulador, que nada deixou desordenado em suas obras.

2. Se, em todos os eventos, você não parar nas aparências e não acreditar nos olhos da carne sobre o que vê e ouve; Se você entrar primeiro no tabernáculo para consultar o Senhor, às vezes receberá sua resposta divina e retornará informado de muitas coisas sobre o presente e o futuro. Então você tem que se refugiar no segredo do seu coração para implorar por ajuda de Deus com mais instâncias.

39. Que se deve evitar a ânsia nos afazeres

1. Ieschouah: Meu filho, dê-me seus problemas. Eu o apoiarei nesses tempos difíceis e você encontrará uma grande vantagem.

2. O adepto: Senhor, eu me deixo para ti com alegria, porque avanço muito pouco quando só tenho minhas próprias luzes. Ó! O que posso eu, esquecendo o futuro, me abandonar a partir desse momento sem reservas à tua sabedoria soberana!

3. Ieschouah: Meu filho, frequentemente o homem persegue com ardor uma coisa que deseja. Conseguindo, ele começa a desgostar, porque não

há nada de durável em suas afeições e que elas o arrastam constantemente de um objeto a outro. Então não é suficiente renunciar-se nas menores coisas.

4. O verdadeiro progresso do homem é a abnegação de si mesmo e o homem que se separa de si mesmo é livre. Entretanto, o antigo inimigo, que se opõe a todo bem, não para de tentá-lo. Ele coloca armadilhas noite e dia e tenta surpreendê-lo a cair em suas armadilhas. Observe e ore, diz o Senhor, para que você não sucumba.

40. Que o homem não pode se glorificar de nada

1. O adepto: Senhor, o que é o homem para que te lembres dele? Como posso merecer tua graça? De que, Senhor, posso me queixar se me deixares? E o que eu direi se não fizeres o que peço? Eu posso dizer e pensar na verdade somente isso: Senhor, eu não sou nada, não posso nada de mim mesmo, sinto minha fraqueza em tudo e tudo me inclina ao nada. Se não me ajudares e não me fortificares interiormente, posso cair facilmente na falta de entusiasmo e frouxidão.

2. Mas tu, Senhor, és sempre o mesmo e permaneces eternamente bom, justo e santo, fazendo tudo gentilmente, com justiça, com santidade e dispondo tudo com sabedoria. Eu, que tenho mais inclinação para me distanciar do bem do que para abordá-lo, não fico muito tempo no mesmo estado. No entanto, fico menos fraco assim que quiseres, assim que me estenderes uma mão segura, porque somente tu podes, sem a ajuda de ninguém, me socorrer e me fortalecer de tal maneira que eu não esteja mais sujeito a todas essas mudanças e que meu coração se volte somente para ti e aí descanse para sempre.

3. Então, se eu soubesse rejeitar qualquer consolo humano, seja para adquirir o fervor, seja por causa da necessidade que me pede para te buscar, não encontrando nenhum homem que me console, então eu poderia esperar por tua graça e regozijar novamente nas consolações que eu receberia de ti.

4. Graças te sejam dadas. Eu, sou diante de ti somente vaidade e nada, um ser inconstante e frágil. De que então posso me glorificar? Como posso querer ser estimado? Poderia ser por causa do meu nada? Mas o que é mais insensato? Certamente, a glória vã é a maior das vaidades e

um mal terrível, porque nos afasta da verdadeira glória e nos despoja da graça celeste. Porque, assim que o homem se compraz de si mesmo, ele começa a te desagradar e quando aspira aos louvores humanos, perde a verdadeira virtude.

5. A verdadeira glória e a alegria sagrada é se glorificar em ti e não em si mesmo; de se alegrar em tua grandeza e não de nossa própria virtude. Que teu nome seja louvado e não o meu; que tuas obras sejam exaltadas e não as minhas; que teu santo nome seja abençoado e que não venham para mim os louvores dos homens. Tu és minha glória e a alegria de meu coração. Em ti eu me glorificarei; eu me regozijarei incessantemente em ti e não em mim.

6. Eu procurarei somente a bondade divina. Porque toda glória humana, toda honra do tempo, toda grandeza desse mundo, comparados com tua glória eterna, é loucura e vaidade. Ó minha verdade, minha misericórdia, ó meu Deus! A ti louvores, honra, glória, poder nos séculos dos séculos!

41. Sobre o desprezo por todas as honras temporais

1. Ieschouah: Meu filho, não inveje os outros se você os vir honrados e elevados. Eleve seu coração ao céu até mim e você não vai se lamentar por ser desprezado pelos homens na terra.

2. O adepto: Senhor, nós somos cegos e a vaidade nos seduz muito rapidamente. Se eu me considerar cuidadosamente, reconheço que nenhuma criatura jamais me fez qualquer injustiça e, portanto, não tenho nada a reclamar de ti. Depois de tanto ter te ofendido e tão gravemente, é justo que toda criatura se arme contra mim. Vergonha e desprezo, é o que é devido a mim e a ti o louvor, a honra e a glória.

42. Que a nossa paz não dependa apenas dos homens

1. Ieschouah: Se você faz sua paz depender de qualquer pessoa, por causa do hábito de viver com ela e da conformidade de seus sentimentos, você poderia estar em preocupação e dificuldade. Mas se você busca seu apoio na verdade imutável e sempre viva, você não será sobrecarregado com tristeza quando um amigo vai embora ou morre. Toda amizade

deve ser baseada no espírito e em mim. Sem mim, a amizade é estéril e dura pouco e qualquer afeto do qual eu não sou o elo não é verdadeiro nem puro. Quanto mais o homem se afasta das consolações da terra, mais ele se aproxima de Deus. E se eleva ainda mais a Deus quem desce mais profundamente em si mesmo e que está mais afastado das paixões do corpo.

2. Quem se atribui algum bem impede que a graça de Deus desça para ele, porque a graça do Espírito Santo sempre busca os corações humildes. Se você souber como se aniquilar perfeitamente e banir todo o apego ao mundo do seu coração, então, vindo até você, eu vou inundar você com a minha graça. Quando você se apega ao mundo, perde a visão da alma. Aprenda a se superar em tudo e então você conhecerá a Deus. O menor objeto desejado, amado com excesso, aprisiona a alma e a separa do bem soberano.

43. Sobre o estudo verdadeiro

1. Ieschouah: Meu filho, não se deixe comover com o encanto e a beleza dos discursos dos homens, porque o reino de Deus não consiste em discursos, mas em obras. Esteja atento às palavras dos sábios que inflamam o coração, iluminam, suavizam a alma e a preenchem de consolação. Nunca leia para parecer mais sábio sem praticar a humildade. Continue a controlar seus vícios. Isso o servirá para completar seu estudo de questões mais difíceis.

2. Após ter lido bastante e aprendido muito, é preciso sempre voltar ao único princípio de todas as coisas: é do interior que vem a ciência verdadeira que esclarece a inteligência. Quem conhece a si mesmo, logo é instruído e faz grande progresso na vida do espírito. Infelizes os que questionam os homens sobre todos os tipos de perguntas curiosas e que pouco se importam em aprender de si mesmos!

3. Sou eu que, em um momento, eleva a alma humilde e a faz penetrar ainda mais na verdade eterna. É então que o que foi estudado nas escolas encontra o seu pleno resultado. Eu ensino sem o ruído das palavras, sem o constrangimento das opiniões, sem pompa, sem argumentos, sem disputas. Eu ensino a ultrapassar as ilusões da terra, a buscar e usufruir

o que é eterno, a fugir das honras, a suportar as críticas e a colocar em mim sua esperança.

4. Alguns deles, depois de me amarem, aprenderam coisas divinas, das quais falaram admiravelmente. Mas a uns eu digo coisas mais gerais e aos outros, as mais particulares. Eu pareço a alguns suavemente velado sob sombras e figuras. Eu revelo aos outros meus mistérios no meio de um esplendor brilhante. Os livros falam a todos a mesma linguagem, mas não produzem sobre todos as mesmas impressões, porque eu ensino a verdade interna, eu examino os corações, penetro seus pensamentos, excito a agir e distribuo meus dons a cada um segundo o que me apraz.

44. Não se deve incomodar com as coisas exteriores

1. Ieschouah: Meu filho, é preciso que você descubra a simplicidade do espírito. Também é preciso fechar os ouvidos a muitos discursos e pensar em manter-se em paz. É melhor desviar os olhos do que é desagradável e deixar todos em seus sentimentos, do que parar para contestar. Se você tomar cuidado de ter Deus para si e que seu julgamento sempre lhe esteja presente, você suportará ser derrotado sem dificuldade.

2. O adepto: Ai! Senhor, para onde viemos? Choramos uma perda temporal, corremos, nos cansamos para o menor ganho e nos esquecemos das perdas da alma ou apenas nos lembramos dela mal e muito tarde. Nós prestamos atenção ao que é de pouca ou nenhuma utilidade, e passamos com negligência sobre o que é extremamente necessário, porque o homem se espalha totalmente para o exterior e, se não retornar rapidamente a si mesmo, permanece com alegria enterrado em coisas exteriores.

45. Que não se deve acreditar em todos e que é difícil manter uma medida sábia em suas palavras

1. O adepto: Ajuda-me, Senhor, na tribulação, porque a salvação não vem do homem. Quantas vezes eu procurei em vão a fidelidade onde achei que iria encontrá-la? Quantas vezes encontrei onde menos

esperava? Vaidade, portanto, de esperar nos homens. Mas tu és, meu Deus, a salvação dos justos. Sejas abençoado, Senhor, em tudo o que nos acontece. Somos fracos e mutáveis, um nada nos seduz e nos agita.

2. Qual é o homem tão vigilante e tão reservado que nunca cai em nenhuma surpresa, nem em nenhuma perplexidade? Mas quem, meu Deus, que confia em ti e te busca na simplicidade do seu coração, não tropeça tão facilmente. E se experimenta qualquer aflição, se estiver envolvido em algum constrangimento, tu rapidamente o tiras disso ou o consolará, porque não abandonas para sempre quem espera por ti. O que é mais raro que um amigo fiel, que não se afasta quando o infortúnio oprime seu amigo? Senhor, és o único sempre fiel e nenhum amigo é comparável a ti.

3. Que sabedoria no que dizia essa alma santa: «Meu coração está estabelecido e fundado em Ieschouah!» Se assim fosse comigo, eu ficaria menos perturbado pelo medo dos homens e menos comovido por suas palavras malignas. Quem pode prever, quem pode desviar todos os futuros males? Se os que foram previstos muitas vezes machucam, o que será então os que nos atacam inesperadamente? Por que, infeliz que sou, não tomei precauções mais seguras para mim? Por que eu tive tanta credulidade para os outros? Mas nós somos homens e nada além de homens frágeis, embora muitos acreditem em nós ou nos chamem de anjos. Em quem acreditarei, Senhor, se não for em ti? És a verdade que não engana e que não se pode enganar. Ao contrário, o ser humano é mentiroso, fraco, inconstante, frágil, especialmente em suas palavras, de modo que dificilmente se deve acreditar primeiro no que parece mais verdadeiro no que ele diz.

4. Tu sabiamente nos alertaste de provocar os homens. Uma dura experiência me iluminou. Feliz se serve para me deixar menos insensato e mais vigilante! Seja discreto, me diz alguém e seja discreto porque o que estou lhe dizendo é só para você. E enquanto eu estou em silêncio e acredito nas coisas secretas, ele não consegue manter o silêncio que me pediu; mas no momento, ele me trai, trai a si mesmo e se vai. Afasta de mim, Senhor essas confidências enganosas. Não permita que eu caia nas mãos desses homens indiscretos, ou que eu me assemelhe a eles. Coloca em minha boca palavras invariáveis e verdadeiras e que minha língua seja estranha a qualquer artifício. O que eu não posso sofrer nos outros, devo me proteger com cuidado.

5. Oh, como é bom, e necessário para a paz, ficar em silêncio sobre os outros, de não acreditar em tudo indiferentemente, ou tudo repetir sem reflexão, descobrir a si mesmo a poucas pessoas, sempre busca-lo por testemunha de seu coração, de não ser levado por qualquer vento de palavras, mas de desejar que tudo em nós e fora de nós se realize de acordo com o que agrada à tua vontade. Que ainda é uma maneira segura de conservar a graça celestial, fugir do que brilha aos olhos dos homens, não buscar o que parece atrair sua admiração, mas trabalhar arduamente para adquirir aquilo que produz fervor e que corrija a vida! A quantos homens foi fatal uma virtude conhecida e louvada cedo demais! Quantos frutos, pelo contrário, outros extraíram de uma graça preservada em silêncio durante essa vida frágil, que é apenas uma tentação e uma guerra contínua!

46. Que se deve colocar sua confiança em Deus, quando se está atacado com palavras injuriosas

1. Ieschouah: Meu filho, permaneça firme e tenha esperança em mim. Afinal, o que são palavras? Um ruído inútil. Elas golpeiam o ar, mas não quebram a pedra. Se você é culpado, pense que seu desejo deve ser o de se corrigir. Se a sua consciência não o reprova por nada, pense que você deve sofrer com alegria essa leve dor por Deus. Este é o mínimo que, de tempos em tempos, você suporte algumas palavras, você que ainda não pode suportar mais dificuldades. E por que tais pequenas coisas vão para o seu coração, exceto que você ainda é carnal e muito ocupado com os julgamentos dos homens? Você teme o desprezo e por causa disso não quer ser repreendido por seus erros e procura desculpas para cobri-los.

2. Examine melhor seu coração e reconhecerá que o mundo ainda vive em você e o inútil desejo de agradar os homens. Porque sua repugnância foi menosprezada, confundida por suas fraquezas, prova que você não tem uma humildade sincera, que não está verdadeiramente morto ao mundo. Escute minha palavra e não se preocupará com as palavras dos homens. Quando alguém diria contra você tudo o que a malícia mais sombria pode inventar, em que isso o prejudicará, se você deixasse passar como a palha que o vento carrega? Você perderia um único cabelo?

3. Aquele cujo coração não está fechado em si mesmo e que não tem Deus presente nele, é facilmente movido por uma palavra de culpa. Mas quem confia em mim nada temerá dos homens. Porque sou eu que conheço o que é secreto. Eu sei a verdade de todas as coisas, que fez o insulto e quem o sofreu. Essa palavra veio de mim. Esse acontecimento, eu permiti para que o que estava oculto em muitos corações fosse revelado. Eu julgarei o inocente e o culpado. Mas por um julgamento secreto, eu quis antes experimentar um e outro.

4. O testemunho dos homens muitas vezes engana, mas meu julgamento é verdadeiro. Ele permanecerá e não será abalado. Na maioria das vezes é oculto e poucas pessoas descobrem isso em cada coisa. Entretanto, eu não erro nunca e não posso errar, embora nem sempre pareça justo para os insensatos. Então cabe a mim colocar o julgamento em tudo, sem nunca me referir ao seu próprio sentido. Importa pouco ao justo que seja acusado injustamente. E se outros o defenderem e conseguirem justificá-lo, ele não conceberá nem uma alegria vã. Porque sou eu que sonda os corações e os reinos e não julgo externamente e as aparências humanas. O que parece louvável ao julgamento dos homens, frequentemente é criminoso a meus olhos.

5. O adepto: Senhor, meu Deus, juiz infinitamente justo, forte e paciente, que conheces a fragilidade do homem e sua tendência ao mal, sejas minha força e toda minha confiança; porque minha consciência não me basta. Tu sabes o que eu não sei. Então eu tive que me abaixar sob todas as censuras e suportá-las gentilmente. Perdoa-me, em tua bondade, todas as vezes que eu não tenha agido assim e dá-me mais abundantemente a graça que ensina a sofrer. Pois eu devo confiar muito mais em tua grande misericórdia para obter perdão do que em minha aparente virtude, para justificar o que minha consciência esconde. Embora eu não me censure por nada, não sou justificado por isso; porque sem a tua misericórdia, nenhum homem vivo estará diante de ti.

47. Que se deve estar pronto para sofrer para a vida eterna

1. Ieschouah: Meu filho, que os trabalhos que você empreendeu para mim não quebrem sua coragem e que as aflições não o abatam

completamente; mas em tudo o que acontece, minha promessa o consola e o fortalece. Eu sou poderoso o suficiente para te recompensar além de todos os limites e qualquer medida. Você não vai ficar aqui muito tempo no trabalho, nem sempre com dores. Espere um pouco e verá prontamente o fim de seus males. Uma hora virá quando o trabalho e o problema cessarem. Tudo o que passa com o tempo é pouco e dificilmente duradouro.

2. Faça o que tem que fazer. Trabalhe fielmente na minha vinha e serei eu mesmo sua recompensa. Escreva, leia, cante meus louvores, murmure, mantenha o silêncio, ore, sofra a adversidade corajosamente. A vida eterna é digna de todos esses combates e ainda maiores. Há um dia conhecido pelo Senhor em que a paz chegará e não haverá mais dia nem noite assim nessa terra, mas uma luz perpétua, um esplendor infinito, uma paz inalterável, um descanso assegurado.

3. Oh, se você apreciasse essas verdades, se elas penetrassem até o fundo de seu coração, como ousaria se queixar, mesmo uma só vez? Não é nada doloroso que não devamos suportar para a vida eterna? Isso não é suficiente para ganhar ou perder o reino de Deus. Então levante os olhos ao céu. Aqui estou eu e comigo todos os meus santos. Eles mantiveram nesse mundo uma grande luta, e agora eles se alegram, agora são consolados e ao abrigo do temor. Agora eles repousam e permanecerão comigo para sempre no reino de meu Pai.

48. Sobre a eternidade abençoada e as misérias dessa vida

1. O adepto: Ó moradia abençoada da cidade celeste! Dia brilhante de eternidade, que a noite nunca escurece e que a verdade soberana se ilumine perpetuamente com seus raios; dia imutável de alegria e repouso, que nenhuma vicissitude perturba! Oh, como esse dia brilhou nas ruínas do tempo e em tudo o que passa com o tempo! Ele brilha para os santos em seu esplendor eterno, mas nós, viajantes na terra, o vemos apenas à distância, como que através de um véu.

2. Os habitantes do céu conhecem as delícias; mas nós ainda estamos exilados e gememos de tédio da vida presente. Os dias aqui embaixo são curtos e maus, cheios de dores e angústias. O homem é contaminado

com muitos pecados, engajado em muitas paixões, agitado por mil medos, constrangido por mil cuidados, transportado aqui e ali por curiosidade, seduzido por uma multidão de quimeras, cercado de erros, quebrado pelos trabalhos, oprimido pelas tentações, febril de delícias, atormentado pela pobreza.

3. Oh, quando chegará ao fim desses males? Quando estarei livre da servidão desses vícios? Quando vou me lembrar de ti, Senhor? Quando usufruirei em ti uma alegria plena? Quando livre de qualquer entrave, usufruirei de uma liberdade verdadeira, agora livre de toda a dor do corpo e do espírito? Quando terei uma alegria sólida, garantida, inalterável, paz interna e externamente, paz fortalecida por todas as partes? Ó bom Ieschouah, quando me será dado vê-lo e contemplar a glória de seu reino? Quando serás tudo em todas as coisas? Quando estarei contigo nesse reino que preparaste desde toda eternidade para teus escolhidos? Eu fui abandonado, pobre, exilado, na terra inimiga, onde há uma guerra contínua e grandes infortúnios.

4. Consola meu exílio, suaviza a angústia do meu coração, porque ele suspira por ti todo o ardor de seus desejos. Tudo o que o mundo aqui embaixo oferece para me consolar me pesa. Eu queria me unir intimamente a ti e não posso esperar por essa união inefável. Eu gostaria de me unir às coisas do céu e minhas paixões descontroladas me mergulham de volta naquelas da terra. Minha alma aspira se elevar acima de tudo e a carne me leva para baixo apesar de meus esforços. Então, homem miserável, eu luto sem cessar dentro de mim e estou sobrecarregado comigo mesmo, o espírito querendo se elevar e a carne sempre descer!

5. Oh, quanto sofro em mim quando, meditando nas coisas do céu, as da terra vêm em multidões para se apresentar aos meus pensamentos durante a oração! Meu Deus, não te afastes de mim e não me abandones. Faças brilhar teu raio e dissipes essas visões da carne: lance tuas flechas e coloca em fuga esses fantasmas do inimigo. Lembra-te de todos os meus sentidos. Faças com que eu esqueça todas as coisas do mundo e que eu prontamente rejeite com desprezo essas imagens criminosas. Verdade eterna, empresta-me teu socorro para que nenhuma coisa vã me toque. Venha a mim, doçura celeste e que tudo o que não seja puro desapareça à tua frente. Perdoa-me também e use de misericórdia, todas as vezes que na oração eu me ocupar de outra coisa além de ti. Porque

eu confesso sinceramente que a distração me é habitual. No movimento ou no repouso, muitas vezes eu não estou onde meu corpo está, mas sim onde minha mente me leva. Eu estou onde está meu pensamento, meu pensamento geralmente está naquilo que eu amo. O que me agrada naturalmente ou por hábito, é o que primeiro se apresenta.

6. E é por isso, ó Verdade, que disseste expressamente: Onde está seu tesouro, seu coração também está lá? Se eu amo o céu, penso de bom grado nas coisas do céu. Se eu amo o mundo, eu me regozijo na prosperidade do mundo e me entristeço com suas adversidades. Se eu amo a carne, frequentemente represento para mim mesmo o que é da carne. Se eu amo o espírito, minha alegria é pensar nas coisas espirituais. Porque é doce falar e ouvir falar de tudo o que eu amo e eu carrego comigo a lembrança de meu retiro. Mas feliz o homem, ó meu Deus! que por tua causa, expulsou de seu coração todas as criaturas, que violenta a natureza e crucifica pelo fervor do espírito as concupiscências da carne, a fim de te oferecer do fundo de uma consciência onde reina a paz, uma oração pura e que, clareada por dentro e por fora de tudo o que é terreno, ele pode se misturar com os coros dos anjos!

49. Do desejo da vida eterna e os maiores bens prometidos aos que combatem corajosamente

1. Ieschouah: Meu filho, quando o desejo da beatitude eterna lhe for dado do alto e que você aspira sair da prisão do corpo para contemplar mina luz sem sombra e sem vicissitude, abra seu coração e receba com amor essa santa aspiração. Dê graças com toda sua alma à bondade celeste, que lhe dispensa seus favores, que o visita com ternura, o excita, o pressiona e o eleva poderosamente, para que seu peso não o incline para a terra. Pois nada disso é fruto de seus pensamentos ou de seus esforços, mas uma graça de Deus, que se dignou a lançar um olhar para que, crescendo em virtude e em humildade, você esteja se preparando para novas lutas e que todo o seu coração está ligado a mim com a vontade firme de me servir.

2. Por mais ardente que seja o fogo, a chama, no entanto, não se eleva sem fumaça. Assim, alguns, embora acalentados com o desejo das coisas celestiais, ainda não estão inteiramente livres das afeições e tentações da

carne. E é porque eles não têm em vista a única glória de Deus, no que eles pedem tão ardentemente. Esse é frequentemente o seu desejo, que acredita tão animado e tão seguro. Pois nada é puro ou perfeito, o que está misturado com interesse próprio.

3. Peça, não o que lhe é doce, nem o que lhe oferece alguma vantagem, mas o que o eleva. Eu conheço seu desejo e ouvi seu sofrimento. Você gostaria de desfrutar já o lar eterno, a pátria celestial onde a alegria nunca falha, encantando o seu pensamento. Mas a hora ainda não chegou, você ainda está em outro tempo, tempo de guerra, tempo de trabalho e dificuldades. Você quer ser saciado com o bem soberano, mas isso não pode ser feito agora.

4. É preciso que você ainda seja testado na terra e exercido o bem de muitas maneiras. De tempos em tempos você receberá consolações, mas nunca o suficiente para satisfazer seus desejos. Então reviva sua força e sua coragem para realizar o que é repugnante à natureza. É preciso que você se revista do novo homem, que você mude para outro homem. É necessário que frequentemente faça o que não quer e renuncie ao que quer. O que os outros desejam se realizará, mil obstáculos se oporão ao que você deseja. Vai se ouvir o que os outros dizem, o que você diz será contado por nada. Eles pedirão e obterão, você pedirá e será recusado.

5. Será falado sobre eles, serão exaltados e ninguém falará de você. Serão confiados trabalhos a eles e não o julgarão apropriado para nada. Às vezes a natureza será afligida e será bastante se você a suportar em silêncio. É nessas dificuldades e uma infinidade de outras semelhantes que, normalmente, se reconhece quanto um verdadeiro adepto sabe renunciar e suportar. Não há quase nada que faça você sentir tanto a necessidade de morrer para si mesmo, quanto ver e sofrer o que é repugnante à sua vontade, especialmente quando você comanda coisas desnecessárias ou irracionais. E porque, sujeito a um superior, você não se atreve a resistir a sua autoridade, parece difícil ser conduzido por outro e nunca agir de acordo com os seus próprios sentidos.

6. Mas pense, meu filho, nos frutos de seus trabalhos, em seu fim imediato, na sua grande recompensa e longe de tê-las com dores, você encontrará uma consolação poderosa. Porque, por ter renunciado agora a alguns desejos vãos, você fará sua vontade eternamente no céu. Lá todas as suas vontades serão realizadas, todos os seus desejos satisfeitos. Lá todos os bens lhe serão oferecidos, sem precisar temer perdê-los. Lá

ninguém irá resistir a você, ninguém se queixará de você, ninguém o provocará com contrariedades ou obstáculos; mas tudo o que pode ser desejado estando presente de uma vez, sua alma, totalmente saciada, mal irá abraçar essa imensa felicidade. Lá eu darei a glória para as infâmias sofridas, a alegria para as lágrimas, para o último lugar um trono em meu reino eterno. Lá os frutos da obediência irromperão, a penitência regozijará em seus labores e a humilde dependência será gloriosamente coroada.

7. Agora, então, incline-se humildemente. Mas se alguém pede ou deseja algo de você, longe de ser ofendido, certifique-se de realizá-lo com sincero entusiasmo. Que um procure isso, outro aquilo; que um se glorifique de alguma coisa, outro de outra e que receba mil louvores; você, só ponha sua alegria na realização de sua obra conforme a lei divina.

50. Como um homem na aflição deve se abandonar nas mãos de Deus

1. O adepto: Senhor, meu Deus, sejas abençoado agora e por toda eternidade, porque foi feito conforme tua vontade e o que fazes é bom. Tu és, Senhor, minha esperança, minha coroa, minha alegria, minha glória. Às vezes minha alma está triste até as lágrimas e às vezes ela se perturba consigo mesma, por causa das paixões que a pressionam.

2. Eu desejo a alegria da paz. Eu aspiro à paz de teus filhos, que alimentas em tua luz e tuas consolações. Se me deres a paz, se derramares em mim tua alegria santa, minha alma será preenchida com uma doce melodia e, encantada com amor, cantará teus louvores. Mas se te retirares, como fazes frequentemente, ela não poderá seguir teu caminho. Somente me restará cair de joelhos e bater em meu peito.

3. Pai justo e sempre digno de louvores, chegou a hora em que teu servo deve ser testado. Pai para sempre adorável, a hora que planejaste por toda a eternidade chegou, onde devo sucumbir por um pouco de tempo externamente, sem deixar de viver sempre interiormente em ti. É necessário que por um pouco de tempo eu seja quebrado por sofrimentos. Mas eu me levantarei contigo na aurora de um novo dia e serei envolvido pelo esplendor no céu.

4. Nada acontece nessa terra sem razão, sem propósito e sem a ordem da tu Providência. É preciso que eu afaste de meu coração qualquer orgulho e qualquer presunção. É-me útil ter sido coberto de confusão, de modo que procuro me consolar mais em ti do que nos homens. Por isso eu aprendi ainda a temer teus julgamentos impenetráveis, segundo os quais afliges os justos e os ímpios, mas sempre com imparcialidade e justiça.

5. Pai unicamente amado, sabes tudo. Tu a tudo penetras e nada é ocultado de ti na consciência do homem. Tu conheces as coisas futuras antes que aconteçam e não há necessidade de alguém para instruir-te ou avisar-te do que está acontecendo na terra. Tu sabes o que é útil a meu avanço e como as dificuldades podem me fortalecer.

6. Faze, Senhor, com que eu saiba o que devo saber, que eu ame o que devo amar, que eu louve o que te é agradável, que eu estime o que é precioso diante de ti e que eu despreze o que é vil a teus olhos. Não me permitas julgar pelo que os olhos veem externamente, nem que eu forme meus sentimentos sobre os discursos insensatos dos homens; mas faças com que eu tenha um julgamento verdadeiro das coisas sensíveis e espirituais e sobretudo que eu procure conhecer tua verdade.

7. Os homens muitas vezes se enganam julgando apenas pelo testemunho dos sentidos. Os amadores profanos também se enganam amando somente as coisas visíveis. Um homem é melhor porque outro o considera grande? Quando um homem exalta outro, é um mentiroso que engana outro mentiroso, um soberbo que engana um soberbo, um homem cego que engana um cego, uma pessoa doente que engana uma pessoa doente; e os louvores vãos são uma verdadeira confusão para quem os recebe.

51. Que é necessário cuidar de obras externas, quando a alma está cansada dos exercícios espirituais

1. Ieschouah: Meu filho, nem sempre você pode sentir um ardor igual pela virtude, nem se manter incessantemente em muita contemplação. É necessário pelo peso da carne e do mundo, que às vezes você desça às coisas mais baixas e que carregue, apesar de si mesmo e com tédio, o peso dessa vida corruptível. Enquanto você arrastar esse corpo mortal,

você experimentará grande dificuldade e angústia do coração. Então você não pode se aplicar continuamente aos exercícios espirituais e à contemplação divina.

2. Procure então um refúgio nas ocupações exteriores humildes e nas boas obras uma distração que o reanime. Espere meu retorno e a graça do alto com confiança firme. Aprenda a suportar pacientemente seu exílio e a secura do coração, até que eu o visite de novo e que o liberte de todas as dificuldades. Porque eu vou voltar e vou fazer você esquecer seus trabalhos e usufruir o repouso interior.

52. Que a graça não frutifica naqueles que estão presos às coisas da terra

1. Ieschouah: Meu filho, aprenda a se retirar em um lugar secreto e silencioso. Fique sozinho com você mesmo ou com suas irmãs e irmãos, afastado das agitações do mundo para que sua alma seja derramada diante de Deus em orações fervorosas para adquirir uma consciência pura. Afaste-se do mundo e se ocupe de Deus em vez de obras exteriores. É preciso que se afaste de seus conhecimentos superficiais e disciplinar seus sentidos.

2. Oh, que tenha confiança na hora da morte, aquele que nenhum apego mantém nesse mundo! Mas um espírito ainda doente não compreende que o coração esteja assim separado de tudo e que o homem carnal não conhece a liberdade do homem interior. Entretanto, para se tornar verdadeiramente espiritual, deve-se renunciar a seus próximos assim como aos estranhos e não cuidar de ninguém a não ser de si mesmo. Se você conseguir se vencer perfeitamente, vencerá facilmente todo o resto. O verdadeiro triunfo é de vencer a si mesmo. Aquele que é tão submisso, que os sentidos obedecem à razão e essa razão me obedece em tudo, é verdadeiramente um conquistador de si mesmo e mestre do mundo.

3. Se você aspira a essa alta perfeição, deve começar com coragem e colocar o machado na raiz da árvore para arrancar e destruir até mesmo os restos mais ocultos do amor desordenado de si mesmo e dos bens sensíveis. Desse amor desordenado que o homem tem por si mesmo nascem quase todos os vícios que ele deve vencer e desenraizar. Assim que ele o subjugar completamente, ele desfrutará de uma calma e paz

profunda. Mas porque há poucos que trabalham para morrer perfeitamente para si mesmos, para sair de si mesmos inteiramente, eles permanecem enterrados na carne e não podem se elevar acima dos sentidos. Quem quiser me seguir livremente, ele deve domar suas inclinações desordenadas.

53. Os diversos movimentos da natureza e da graça

1. Ieschouah: Meu filho, observe com cuidado os movimentos da natureza e da graça, porque, embora bem opostos, a diferença às vezes é tão imperceptível, que dificilmente um homem iluminado na vida espiritual pode ter o discernimento. Todos os homens têm o desejo do bem e tendem a algo bom em suas palavras e ações. É por isso que muitos são enganados nessa aparência de bem.

2. A natureza é cheia de artifícios. Ela atrai, surpreende, seduz e nunca tem outro fim além dela mesma. A graça, ao contrário, age com simplicidade e foge com a menor aparência do mal. Ela não estabelece armadilhas e faz tudo somente para Deus.

3. Natureza é repugnante ao morrer. Ela não deseja ser constrangida, conquistada, subjugada ou submetida voluntariamente. Mas a graça é sobre superar-se.

4. A natureza trabalha para seu próprio interesse e calcula o bem que pode retirar dos outros. A graça não considera o que lhe é vantajoso, mas o que pode ser útil a muitos.

5. A natureza adora receber respeitos e honras. Graça fielmente retorna a Deus toda honra e glória.

6. A natureza teme confusão e desprezo.

7. A natureza ama a ociosidade e o descanso do corpo. A graça não pode ser ociosa e faz uma alegria do trabalho interior.

8. A natureza procura as coisas curiosas, belas e repele com horror o que é vil e grosseiro. A graça se compraz das coisas simples e humildes. Ela não despreza o que há de mais rude e não se recusa a vestir-se de trapos.

9. A natureza cobiça os bens temporais, se regozija com o ganho terrestre, se aflige com uma perda e se irrita com uma leve injúria. A

graça aspira apenas aos bens eternos e não se apega aos temporais. Ela não se incomoda com nenhuma perda e não se ofende com as palavras mais duras, porque ela colocou seu tesouro e sua alegria no céu, onde nada perece.

10. A natureza é ávida e recebe mais facilmente do que dá. Ela ama o que lhe é próprio e particular. A graça é generosa e não reserva nada. Ela evita a singularidade, se contenta com pouco e acredita que é melhor dar do que receber.

11. A natureza porta para as criaturas, a carne e a vaidade. A graça eleva a Deus, excita a virtude, foge do mundo, supera os limites da carne, não se espalha para fora e cora em aparecer à frente dos homens.

12. A natureza tem o prazer de ter algum consolo externo que lisonjeie a inclinação dos sentidos. A graça busca consolos apenas em Deus e, se elevando acima das coisas visíveis, ela coloca todas as suas delícias no bem soberano.

13. A natureza age em tudo pelo ganho e por sua vantagem própria. Ela não sabe fazer nada gratuitamente, mas, forçando, espera receber alguma coisa igual ou melhor, favores ou louvores. Ela quer que se tenha como muito tudo o que ela faz ou que dá. A graça não quer nada temporal. Ela não pede outra recompensa a não ser Deus e não deseja as coisas temporais, mesmo as mais necessárias, exceto as que podem lhe servir para adquirir bens eternos.

14. A natureza se compraz com um grande número de amigos. Ela se glorifica de uma categoria elevada e de nascimento ilustre. Ela sorri para os poderosos, bajula os ricos e aplaude aqueles que são como ela. A graça ama mesmo seus inimigos e não se orgulha do número de amigos. Não conta por nada a nobreza e os antepassados, a menos que se distinguissem pela virtude. Em vez disso ela favorece o pobre do que o rico, simpatiza mais com o inocente do que com o poderoso, procura o homem verdadeiro, foge do mentiroso e nunca deixa de exortar os bons a se esforçarem para melhorar por suas virtudes.

15. A natureza é rápida em reclamar do que lhe falta e do que lhe fere. A graça suporta a pobreza com constância.

16. A natureza associa tudo a si mesma, combate, discute por seus interesses. A graça retorna tudo a Deus, de quem tudo emana

originalmente; ela não se atribui nenhum bem, não presume de si mesma com arrogância, não contesta, não prefere sua opinião à dos outros; mas ela submete todos os seus pensamentos e todos os seus sentimentos à sabedora eterna.

17. A natureza é curiosa por segredo e notícias. Ela quer se mostrar e ver e examinar por si mesma. Ela deseja ser conhecida e atrair para si louvor e admiração. A graça não se ocupa de novidades nem do que gera curiosidade. Tudo isso é apenas renascimento de uma velha corrupção, porque não há nada de novo nem de estável na terra. Ela ensina a reprimir os sentidos, fugir da complacência e ostentação vãs, humildemente esconder o que merece louvor e estima, e buscar naquilo que é conhecido e em todas as coisas, aquilo que pode ser útil e a honra e glória de Deus. Ela não que nem ela nem suas obras sejam louvadas; mas ela deseja que Deus seja abençoado nos dons que ele espalha por amor puro.

18. Essa graça é uma luz sobrenatural, um dom especial de Deus. É propriamente o selo dos eleitos. É a garantia da salvação eterna. Da terra, onde estava seu coração, ela eleva o homem ao amor dos bens celestiais e o torna espiritual, de carnal como ele era. Portanto, quanto mais se afasta da natureza, mais a graça se expande com abundância. Todo dia, por novas efusões, restaura a imagem de Deus dentro do homem.

54. O peso da natureza e a eficiência da graça divina

1. O adepto: Senhor, meu Deus, que me criaste à tua imagem e à tua semelhança, conceda-me essa graça da qual me mostraste excelência e necessidade para a salvação, para que eu possa vencer minha natureza imperfeita que me acorrenta. Pois sinto em minha carne essa escravidão dos sentidos. Eu não posso resistir às paixões que eles criam em mim, se não me ajudares, reavivando meu coração pelo derramamento de tua santa graça.

2. Tua graça é necessária para vencer a natureza. Essa própria natureza que criaste na justiça e na retidão, deixada a si mesma, seu próprio movimento só a leva às paixões das coisas da terra. O pouco de força que lhe resta é como uma faísca oculta sob as cinzas. É essa razão

natural, cercada por trevas profundas, ainda sabendo discernir o bem do mal, a verdade do falso, mas impotente para realizar o que aprova, porque não possui a plena luz da verdade e que todas as suas afeições estão doentes.

3. Daí segue, meu Deus, que eu me regozijo com tua presença em minha alma. Mas, em minha carne, me sinto fraco e vulnerável, obedecendo aos sentidos e não à razão, querendo o bem e não tendo força para fazê-lo. Por isso frequentemente eu formo boas resoluções, mas vindo a faltar a graça que ajuda minha fraqueza, ao menor obstáculo eu cedo e caio. Eu descubro o caminho da perfeição e vejo claramente o que devo fazer. Mas oprimido pelo peso da minha carne, eu não me elevo a nada perfeito.

4. Oh, que tua graça, Senhor, me seja necessária, para começar o bem, continuar e realizá-lo! Porque sem ela eu nada posso fazer, mas posso tudo em ti, quando tua graça me fortifica. Ó graça verdadeiramente celeste, sem a qual nossos méritos e os dons da natureza nada são! As artes, as riquezas, a beleza, a força, a genialidade, a eloquência, não tem nenhum valor, Senhor, a teus olhos, sem a graça. Porque os dons da natureza são comuns aos bons e aos maus, mas a graça ou a caridade é o dom próprio dos eleitos. É o sinal no qual se reconhece os que são dignos da vida eterna. Tal é a excelência dessa graça, que nem o dom da profecia, nem o poder de operar milagres, nem a mais alta contemplação, devem ser consideradas por nada sem ela. Nem a fé, nem a esperança, nem as outras virtudes, não são agradáveis sem a graça e a caridade.

5. Ó graça abençoada, que torna rico em virtudes os pobres de espírito e aquele que possui grandes bens, humilde de coração! Venhas, desça em mim, preenchas-me de manhã com tua presença, de receio que minha alma, árida, exausta, não se desvaneça de fadiga. Eu imploro tua graça, ó meu Deus! Se eu for testado, atormentado por muitas tribulações, não temerei nenhum mal, enquanto tua graça estiver comigo. Ela é minha força, meu conselho, meu apoio. Ela é mais poderosa que todos os inimigos e mais sábia que todos os sábios.

6. Ela ensina a verdade e rege a conduta; ela é a luz do coração e sua consolação na angústia. Ela afasta a tristeza, dissipa o temor, nutre a piedade, produz as lágrimas. O que sou sem ela, uma madeira seca, um ramo estéril que só é bom para jogar fora? Que tua graça, Senhor, então me previna e sempre me acompanhe. Que ela me mantenha atento à

prática de boas obras. Eu te conjuro por Ieschouah, teu Filho. Que assim seja!

55. Que devemos renunciar a nós mesmos e imitar Ieschouah

1. Ieschouah: Meu filho, você não entrará em mim enquanto não sair de si mesmo. Como se tem paz em si mesmo quando não se deseja nada externamente, assim a renúncia interior une a Deus. Eu quero que você aprenda a renunciar a si mesmo para se elevar ao divino. Siga-me porque sou o caminho, a verdade e a vida. Sem o caminho não se avança. Sem a verdade não se conhece e não se vive sem vida. Eu sou o caminho que você deve seguir, a verdade que deve acreditar, a vida que deve esperar. Eu sou o caminho que não se desvia, a verdade que não engana, a vida que nunca terminará. Eu sou o caminho reto, a verdade soberana, a verdadeira vida, a vida feliz, a vida não criada. Se você permanecer em meu caminho, conhecerá a verdade, e ela o libertará e você obterá a vida eterna.

2. Se você quer vir à vida, medite na minha vida. Se você quiser possuir a vida abençoada, se afaste da vida atual. Se quiser ser elevado ao céu, renuncie aos impulsos descontrolados. Se quiser reinar comigo, ore e espere.

3. O adepto: Senhor Ieschouah, dá-me a graça de te imitar. Eu quero viver segundo teus princípios e ultrapassar esse mundo de dores.

4. Ieschouah: Meu filho, já que você leu e conhece todas essas coisas, ficará feliz se as praticar. Aquele que me conhece e observa meus mandamentos me ama. Eu o amarei também e me manifestarei a ele. Eu vou fazê-lo sentar comigo no reino do meu Pai.

5. O adepto: Senhor Ieschouah, que assim seja de acordo com tua palavra e tua promessa. Torna-me digno dessa imensa felicidade. Eu viverei de acordo com teu exemplo até minha morte. Eu comecei e não é permitido voltar atrás.

6. Venham, minhas irmãs e irmãos, vamos caminhar juntos porque Ieschouah estará conosco. Por Ieschouah, estamos encarregados de nos

aperfeiçoar. Ele será nosso apoio, aquele que é nosso guia. Agora nosso rei está andando à nossa frente e ele nos ajudará na luta.

56. Que não se deve deixar abater muito quando se cai em erros

1. Ieschouah: Meu filho, a paciência e a humildade nas dificuldades me agradam mais que a alegria e o fervor na prosperidade. Por que você se lamenta com uma leve falta que lhe é atribuída? Mesmo grave, não deveria se incomodar. Então largue isso. Isso não é uma coisa nova, nem a primeira vez que você experimenta e não será a última, se você viver por bastante tempo. Você tem bastante coragem quando nada de desagradável lhe acontece. Você até sabe aconselhar bem os outros e os fortificar com seus discursos. Mas quando uma aflição repentina lhe ocorre, falta-lhe orientação e força. Considere sua extrema fragilidade, que tantas vezes você experimenta nas menores coisas.

2. Expulse de seu coração, tanto quanto puder, o que lhe incomoda. Fica-se surpreso que não se deixa abater, mas que surge de uma vez. Pelo menos sofra com paciência, se não puder sofrer com alegria. Quando você se entristece ao ouvir certas coisas e sente indignação, modere-se e certifique-se que não lhe escape uma palavra forte demais para escandalizar os fracos. Suas emoções se apaziguarão rapidamente e o retorno da graça adoçicará o amargor interno. Eu estou sempre vivo, diz o Senhor, para o socorrer e consolar mais do que nunca, se você colocar em mim sua confiança e se invocar com fervor.

3. Arme-se com constância e prepare-se para sofrer ainda mais. Nem tudo está perdido, embora muitas vezes você esteja em apuros e tentado violentamente. Você é um homem e não um Deus. Você é de carne e não um anjo. Como você poderia sempre manter-se em um grau igual de virtude quando essa perseverança falhou o anjo no céu e o primeiro homem no paraíso? Sou eu quem apoio e entrego aqueles que gemem; e eu elevo aqueles que reconhecem sua enfermidade.

4. O adepto: Senhor, que tua palavra seja abençoada. Ela me é mais doce que o mel em minha boca. O que farei no meio de tantas aflições e angústias, se tu não me reviveres por tuas palavras sagradas? Desde que chegue ao porto da salvação, finalmente, não me importo que sofra nem

com o quanto sofro. Conceda-me um bom fim: conceda-me passar alegremente desse mundo ao outro. Lembra-te de mim, meu Deus e me conduza no caminho reto para teu reino. Que assim seja.

57. Que devemos reconhecer as coisas fora da nossa compreensão e praticar a humildade

1. Ieschouah: Meu filho, tenha cuidado para não discutir sobre assuntos que são muito altos e sobre os julgamentos ocultos de Deus: por que um é abandonado enquanto outro recebe graças tão abundantes? Por que este tem apenas aflições e aquele é cheio de honras? Tudo isso está acima da mente do homem e nenhuma razão pode, quaisquer que sejam seus esforços, penetrar essas razões. Quando, então, você tiver pensamentos semelhantes ou que os homens lhe apresentem questões curiosas, saiba distinguir o que está além do seu entendimento.

2. É preciso reconhecer essas questões se elevando além da inteligência humana. Não discuta nem com os méritos dos sábios, nem pergunte se este é mais santo que esse outro, nem quem é o maior no reino dos céus. Essa pesquisa frequentemente produz diferenças e disputas desnecessárias. Elas alimentam o orgulho e a glória vã, de onde nascem o ciúme e as dissenções, um preferindo tal santo, aquele tal outro e querendo que ele seja o mais elevado. O exame de tais questões, não produz nenhum fruto.

3. Alguns têm um zelo mais ardente, uma afeição mais viva por alguns santos do que por outros; mas esta afeição vem mais do homem do que de Deus.

4. Evite então raciocinar sobre essas coisas que passam sua inteligência. Em vez disso trabalhe com ardor a se aperfeiçoar, vivendo segundo os princípios mais puros. Aquele que pensa em sua natureza, em sua falta de virtude, que considera quão longe está da perfeição, torna-se mais agradável a Deus do que aquele que disputa sobre o grau mais ou menos elevado de sua glória.

5. Muitos procuram quem é o primeiro no reino de Deus, os quais ignoram se serão dignos de estarem entre os últimos. Assim, quando meus discípulos perguntaram quem será o maior no reino do céu, eles ouviram essa resposta: « Se você não se converter e se tornar como

criança, não entrará no reino dos céus. Quem quer que seja pequeno como essa criança será o maior no reino dos céus ».

6. Infelizes os que não praticam a humildade porque a porta do céu é baixa e não poderão passar. Humildes, regozijem-se porque o reino de Deus é seu, se, no entanto, caminhar na verdade.

58. Que se deve colocar toda sua esperança e toda sua confiança somente em Deus

1. O adepto: Senhor, qual é a minha confiança nessa vida e meu maior consolo no meio de tudo o que é oferecido aos meus olhos sob o céu? Não és tu, Senhor meu Deus, cuja misericórdia é infinita? Onde estive sem ti? Eu prefiro ser pobre por tua causa do que rico sem ti. Eu prefiro ser viajante sobre a terra contigo do que ter o céu sem ti. Onde estiveres, estará o céu. Tu és todo meu desejo e por isso só posso, longe de ti, suspirar, gemer e orar. Só posso confiar plenamente em ti, e esperar em minhas necessidades o socorro somente de ti, ó meu Deus! Tu és minha esperança, minha confiança, meu consolador, sempre fiel.

2. Todos buscam seu próprio interesse. Só tu só buscas a minha salvação e o meu progresso e dispõe tudo para o meu bem. Mesmo quando me expões a muitas tentações e dificuldades, ainda é para o meu benefício, pois tens o costume de assim testar os que te são caros. E não devo te amar menos nem te louvar nas dificuldades, se me preencheres com as mais doces consolações.

3. É em ti, então, Senhor meu Deus, em quem coloco minha esperança e meu apoio. É em teu seio que coloco minhas aflições e minhas angústias, pois só encontro fraqueza e inconstância em tudo o que vejo fora de ti.

4. Pois tudo que parece trazer paz e felicidade não é nada sem ti e realmente de nada serve para fazer feliz. Portanto, tu és o princípio e o fim dos bens, a plenitude da vida, a fonte inesgotável de toda luz e de toda palavra. Meus olhos estão elevados a ti e em ti coloco minha confiança. Santifiques minha alma. Abençoa com tua bênção celeste, para que ela se torne tua morada sagrada, a sede de tua eterna glória e que, nesse templo em que não desdenhas habitar, não exista nada que ofenda teus olhares. Olhe para mim, Senhor, em tua imensa bondade e,

de acordo com a abundância de tuas misericórdias, ouça a oração de teu servo, miserável exilado distante de ti na região das trevas e da morte. Protejas e conserves minha alma no meio dos perigos dessa vida corruptível. Que tua graça a acompanhe e a conduza, pelo caminho da paz, na pátria da luz eterna. Que assim seja!

ARCHICONFRÉRIE DE IESCHOUAH

Apresentação

É importante se lembrar de três coisas essenciais:

1- O coração da Kabbala cristã é a revelação da natureza e do papel de Ieschouah.

2- A Ordem Kabbalistica da Rosa-Cruz foi a primeira Ordem Rosa-Cruz moderna a existir.

3- A essência do movimento Rosa-Cruz é religiosa, tanto pela transmissão autêntica de poder em sua linhagem, como pelos ritos que possui.

A Archiconfrérie de Ieschouah é um grupo de homens e mulheres que receberam essa transmissão oculta dos místicos cristãos, os sacramentos internos da linhagem religiosa da kabbala cristã e que estão colocados sob a alta proteção de Ieschouah. Não é requisito já ser membro da Ordem Kabbalistica da Rosa-Cruz para integrar a Archiconfrérie de Ieschouah.

Origem da Archiconfrérie de Ieschouah

Todos sabem que a linhagem oculta dos Grandes Patriarcas da Ordem Kabbalistica da Rosa-Cruz sempre foi composta de místicos e religiosos que estavam a cargo de várias igrejas conhecidas. Essa sucessão assegurou uma transmissão contínua da autoridade e dos poderes sacerdotais e ocultos associados a Ieschouah. É ela que está presente na Archiconfrérie de Ieschouah.

Você pode obter mais informações sobre a natureza e o funcionamento da archiconfrérie no seguinte endereço internet: www.ieschouah.org

www.ingramcontent.com/pod-product-compliance
Lightning Source LLC
Chambersburg PA
CBHW021241090426
42740CB00006B/640